スペイン、モロッコ、ポルトガルを約1ヶ月半旅していたとき、ポルトガルの教会で。青いタイルはアズレージョ

モロッコのシャウエンにいた子供とお話するひととき

青い迷宮のようなシャウエンの宿へ

世界中の街並みを眺めるのが好き。ポルトガルのナザレで

クレタ島から始まった約3ヶ月の放浪旅では、東欧へも

28歳、「スターウォーズ」のロケ
地であるチュニジアの旅で

取材で4月の南ドイツへ。後ろはノイシュヴァンシュタイン城

高山病との戦いでもあった南米旅。
ペルーのマチュピチュへ

ペルーのワカチナでオアシスを前に

ペルーの列車で、原稿を読む。
当時憧れた私の働き方

香川県の讃岐広島で、ゲストハウスひるねこのオープン日

〔写真撮影〕現地の人、旅人たち、自撮り

わたしの旅ブックス
024

旅が教えてくれた
人生と仕事に役立つ100の気づき

小林 希

産業編集センター

はじめに

人が旅をする理由は、さまざまです。

気分転換や癒しを求める人もいれば、現実逃避をしたい人もいます。野生のイルカと泳ぎたいとか、美味しい海鮮料理を食べたいとか、目的がはっきりしている人も。

旅とはそういう理由でするものだとも思います。

ただ私の場合は、旅をして初めて、生きる希望や楽しみのようなものを見つけました。ちょっと大袈裟ですが、偽りのないことです。

私は13歳のときに父が単身赴任しているフィリピンへ行くまで、まったく自分が好きではありませんでした。自分というものがなかったからです。

フィリピンで目の当たりにした光景は、衝撃的でした。貧しいけれど、力強くその日を生きている人たちに、ハッとさせられました。

広くて、知らないことだらけの世界で、自分らしくなれる場所がきっとある。行きたい、見たい、知りたい。それが、初めて自分のしたいことを見つけた瞬間です。自分を否定していたのは、ただそういう心に囚われていたのだと気づいて、人の心に興味も持ちました。だから、大学で心理学を学ぶことにしました。

大学では、アルバイトで貯めたお金で、いよいよ念願の旅に出ました。カメラを携えて。写真部に入り、カメラの魅力に引き込まれたのも、旅がきっかけです。

旅は、大学の勉強がいかに机上のものであるかを教えてくれました。偏見や思い込みを正面からガラガラと崩す破壊力があって、国が違えば、人も一様に違う考えを持ち、だれもが自分なりの正義や正論を持っていることを知りました。

そんな中で、私も「自分」というものが自ずと形成されていったのかもしれません。結局、心理学の専門職にはつかず、私は旅する人の本を世に出したいと、出版社に就職することになりました。

編集作業は、著者の背後にある世界を旅するようで、新たな楽しさに胸が高鳴りました。自分ではない誰かの思想や生き方に寄り添って、じっくりと本をつくるのは、とても尊い経験でした。

29歳のときに、会社を辞めて世界放浪の旅に出ました。「いつか世界へ」という夢を叶えるときだと思ったからです。

　そのときは、今のように旅を仕事にすることになろうとは考えていませんでした。ただ、好奇心のままに、世界の果てまで行きたかった。

　世界で出会う旅人は、はっきりと目的がある人もいれば、あてもなく放浪している人もいました。後者のような人たちは、仕事を辞めたから、奥さんが亡くなったから、失恋したからと、なんとなく、「ああ、何かが欠けたのだな」と感じることがありました。

　不思議と、旅を長く続けるほど、旅とはかくも楽しく、無性に切ないと思うのです。おそらく、多くの出会いと別れを幾度となく繰りかえし、感動と喜びを感じながらも、無常の世界を知り、不甲斐ない自分と出会い、孤独に襲われることがあるからです。

　それでも、旅が好き。

　そう思うのは、旅は人生に必要な、大切なメッセージをたくさん与えてくれるからです。旅先は学校みたいで、大人になっても学ぶことだらけ。いつの間にか、自分の中の「欠けている」何かがじわじわと満たされていきます。すると、前よりもちょっと、生きるのが上手になったかもと嬉しくなるのです。

旅して歩いた足跡は人生の道にしっかり刻まれています。

絶えず不安や虚しさを抱えていたとしても、引いては押し寄せる波のように、幸せや喜びはきっと訪れる。それをしっかりと掴む術を、旅の先々で教えてもらいました。

本書は、旅が与えてくれた多くの気づきや発見をご紹介しています。私が旅に目覚めてから、旅という領域で仕事をしている今に至るまでの、小さな、たわいもない成長記録のようなものです。

人の生き方は、その人の数だけ存在しています。

私の経験の何かしらたった一つでも、あなたの人生や仕事、旅に役立つことができたらと、心から願っています。

旅が教えてくれた人生と仕事に役立つ100の気づき　目次

はじめに…003

Chapter.1　芽生え…17

旅のはじまり

01 イニシエーション
世界の果てに「自由」はある…18

02 父との別れ
後悔は、やってからしよう…22

03 カルチャーショック
では、おまえは幸せなのか？…24

04 18歳のロセーヌ
生きるために働く…28

05 常夏のクリスマス
偏見は常識が生み出す…30

06 進路
心がざわつく瞬間に、道しるべがある…31

07 写真部
カメラは第3の目…34

08 青春18切符
大人という存在からの解放…35

09 歌う列車で
人それぞれ恥ずべきことは違うもの…37

10 日記
慣れることは強さ…40

11 無計画な旅
流すも逃げるも勇気がいる…41

12－初めてのインド
自分に「おまじない」をかける…43
13－死者の灰
大変だから生きることは尊い…45
14－チャイ
できないことも受け入れる…49
15－友人の涙
どんな旅であれ、生きて帰れば花マル…51
16－私は18歳
自分は自分、それが自分…55
17－自由の羽
人の笑顔を見たいなら、自分でやる…57
18－他愛もない思い出
謝ることができる強さが夢をかなえる…59
19－小さな嘘
もっと、適当に生きてもいい…61
20－選択
自分をごまかすと、後が苦しい…63
21－スケッチブック
好きなことには、チカラも湧く…65
22－初めて通った企画
目標があるから誇りとやりがいを持てる…67
23－現実
不幸を見つけようとするのが不幸…70
24－旅の本
周りに言い続ければ、それは集まってくる…73
25－卒業
見えない未来の不安より、
日々悶々と過ごすほうが怖い…75

Chapter.2 気づき…81
新しい世界

26－友達の一言
心に、感情に、ふたをしない…82

27 - お金
何にも支配されない自分で… 84
28 - ジョホールバルの月
別れは、再会への始まり… 86
29 - 交通事故
リスク感覚は思いのほかずれている… 88
30 - 赤い湿疹
失うものあれば、得るものもある… 91
31 - インド再訪
想像を超えた現実が、精神のコリを取る… 94
32 - 世界最上級
少しだけありのままに生きてみる… 96
33 - 不浄の手
そっちは常識で、こっちは非常識… 98
34 - モチベーション
好きでも辛いことはあると
認めたら楽になる… 101
35 - フライトキャンセル
不服は訴えた者が勝つ… 102
36 - 肌の色
「自分てものがちゃんとあるかい？」… 105
37 - 個人主義
環境が変われば、ハートは強くなる… 107
38 - あなたは優しい
他人に寛容であるための忍耐と理解… 110
39 - カナール
自分が元気になれる方法を見つける… 112
40 - チュニジアの夏の夜
ごく普通の別れが愛おしい… 114
41 - クスクス料理
国境を超えて連れていけるもの… 116
42 - ありがとう
言葉には重みも必要になる… 118
43 - イスラム教の祈り
信じるかどうかより、
大切なのは人の〝想い〟… 119

44―言葉の壁
英語よりも大切なコミュニケーションの形…121
45―アパート暮らし
広く浅くより、
狭く深い経験がもたらす贅沢…123
46―平和なニュース
お互いは、想像するよりもずっと違う…125
47―世界三大宗教
集団から飛び出してこそ初めて見える…126
48―「書く」という作業
物事は呼吸のように、
吸って吐くといい…128
49―ご来光
人生は舞台、主役は自分…130
50―世界放浪
その道の「途中」であり続ける美しさ…132

Chapter.3 旅の贈り物たち

成長…135
51―旅先の決め方
魅惑の玉手箱をあける楽しさ…136
52―猫
人生とはいくつもの点がつながっている…138
53―エゴン・シーレ
一瞬、一刻、少しでも誰かと笑っていたい…140
54―民族紛争
旅先の最低限の知識を学ぶ…142
55―高山病
自然はかくも美しく、厳しいもの…145
56―緑の湖
遠慮のいらない所で、合わせる必要はない…147
57―遅い夜ご飯
旅先は、
旅人に都合よく合わせてはくれない…148

58―共有キッチン
有益な旅テクニックは、旅人から旅人へ託される…149
59―CA殿との喧嘩
許せないことに泣いてしまっても…151
60―落ち葉
足元でキラリと輝くものに、価値や意味がある…155
61―ロマンチック街道
無常の世に漂う、過去のカケラ…156
62―ドイツ人との会話
心があるべき場所が、自分の居場所…158
63―プエルト・リコ
一文は一見にしかず…159
64―ドミニカのおばさん
やさしさは連鎖する…160
65―スリ
慣れたときこそ初心にかえる…162
66―アリさんのラグ
旅の土産は、思い出のタイムカプセル…164
67―「それが人生」
時計は見なくても、腹が減ったらご飯の時間…166
68―街並み
年をとるほどに、世界はいっそう美しく感じられる…168
69―旅先の洗濯
旅の小噺一つで、心は通わせられる…170
70―夜空
旅人の故郷は場所には限らない…172
71―少年の写真
主観と客観を使い分けて心を楽にする…173
72―島旅
心を燃やせる理由を見つける…174
73―何もない島
外の人ほど気づける〝良さ〟もある…176

74 アカショウビン
私たちがいい関係をつくる適度な距離感…178
75 たった一人の集落
変わりゆく世界で、
変わらないものを見る…180

Chapter.4 想い…185

旅と仕事と人生と

76 採用面接
ときにバカまるだしが、奇跡が起こす…186
77 力強い私の声
鼓舞する自分の声が聞こえますか?…188
78 作文塾
夢に向かう原動力…189
79 戦車女
俗に言う、「旅は自分さがし」でいい…190
80 編集者と作家
しっかりと教わり、いつか誰かに繋げていく…192
81 二人の師匠
目前のことをしなやかにかわし、
いまを楽しむ…193
82 デビュー作
「YES」か「はい」かでやるしかない…195
83 人脈づくり
小さく、長い時間をかける…198
84 100分の授業
無限大の選択肢がある未来…200
85 成長痛
痛みや苦しみは、変化が訪れるサイン…202
86 ゲストハウス
感謝の気持ちは、人を動かす…204
87 手紙
日々を豊かにする小さな習慣…206

88 許せない境界線
「NO!」の境界線を持つ…207
89 ワーケーション
人それぞれの生き方を認めることは、
自分を肯定すること…209
90 収入と経験
お金を使う優先順位をはっきりさせる…211
91 仕事への姿勢
口下手でもいいから、熱意を伝える…213
92 失敗
どちらに転んでも
ワクワクする選択肢があると心強い…215
93 ネコとの暮らし
仕事で諦めたことが、
仕事のおかげで実現する…217
94 支綱切断
当たり前にあるものの大切さ…219
95 新しい働き方
意外と知らない〝自分〟と向き合う…221
96 旅作家
自分への覚悟を持つ方法…224
97 仕事の仲間
人は、たった一人では生きていけない…225
98 ギャラ交渉
自己評価をして自分を磨いていく…227
99 法人化
果てない喜びを分かち合いたい…229
100 旅と仕事
夢の重さを感じれば、また頑張れる…232
おわりに…234

※本書の情報はすべて当時のものです。

63 プエルト・リコ
65 メキシコ
64 ドミニカ共和国
55 ペルー
56 ボリビア
56 チリ
57
アルゼンチン

この本に登場する国

（数字はエッセイの番号）

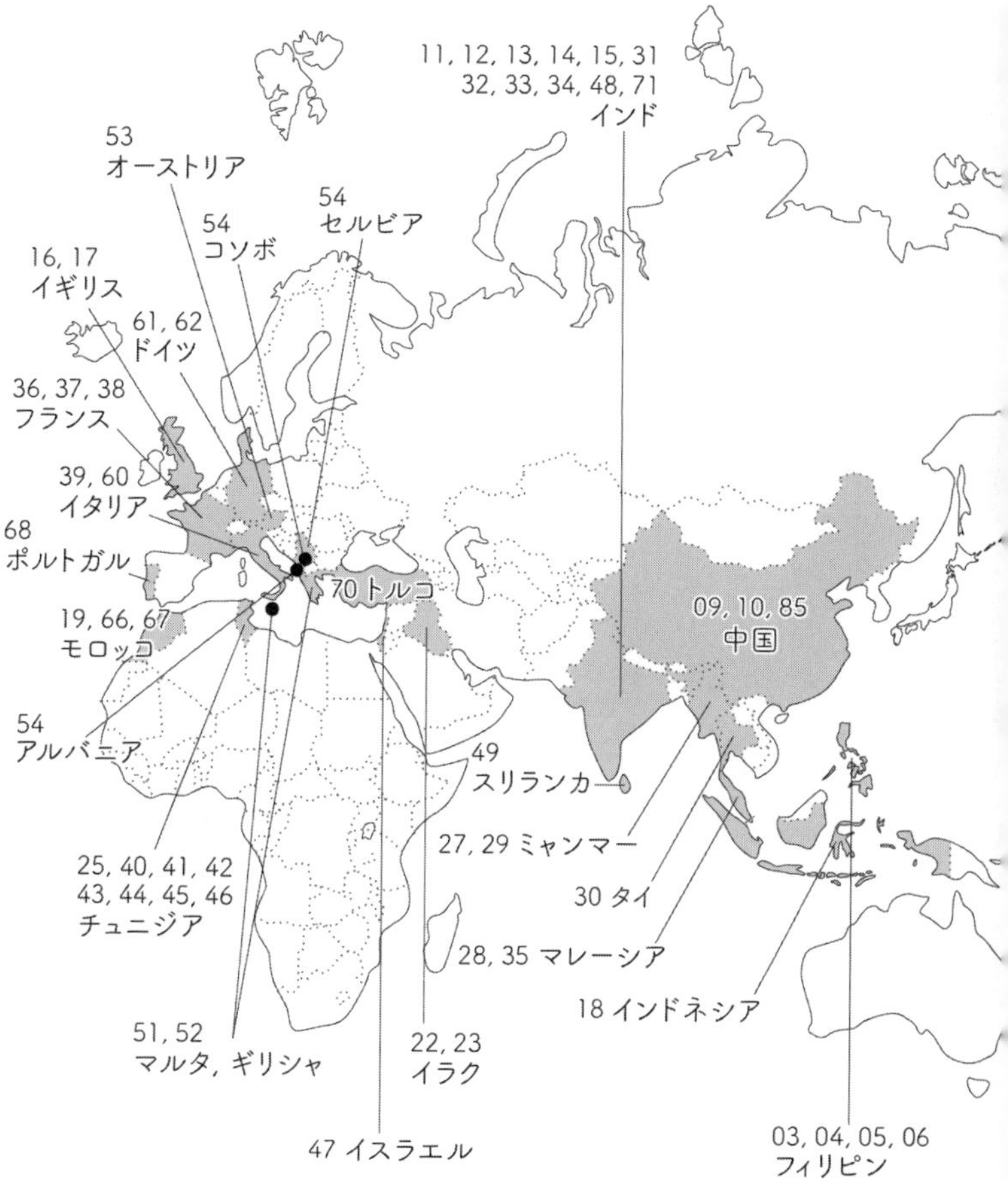
11, 12, 13, 14, 15, 31
32, 33, 34, 48, 71
インド
53
オーストリア
54
セルビア
54
コソボ
16, 17
イギリス
61, 62
ドイツ
36, 37, 38
フランス
39, 60
イタリア
68
ポルトガル
70 トルコ
09, 10, 85
中国
19, 66, 67
モロッコ
54
アルバニア
49
スリランカ
27, 29 ミャンマー
25, 40, 41, 42
43, 44, 45, 46
チュニジア
30 タイ
28, 35 マレーシア
18 インドネシア
51, 52
マルタ, ギリシャ
22, 23
イラク
47 イスラエル
03, 04, 05, 06
フィリピン

この本に登場する島

（数字はエッセイの番号）

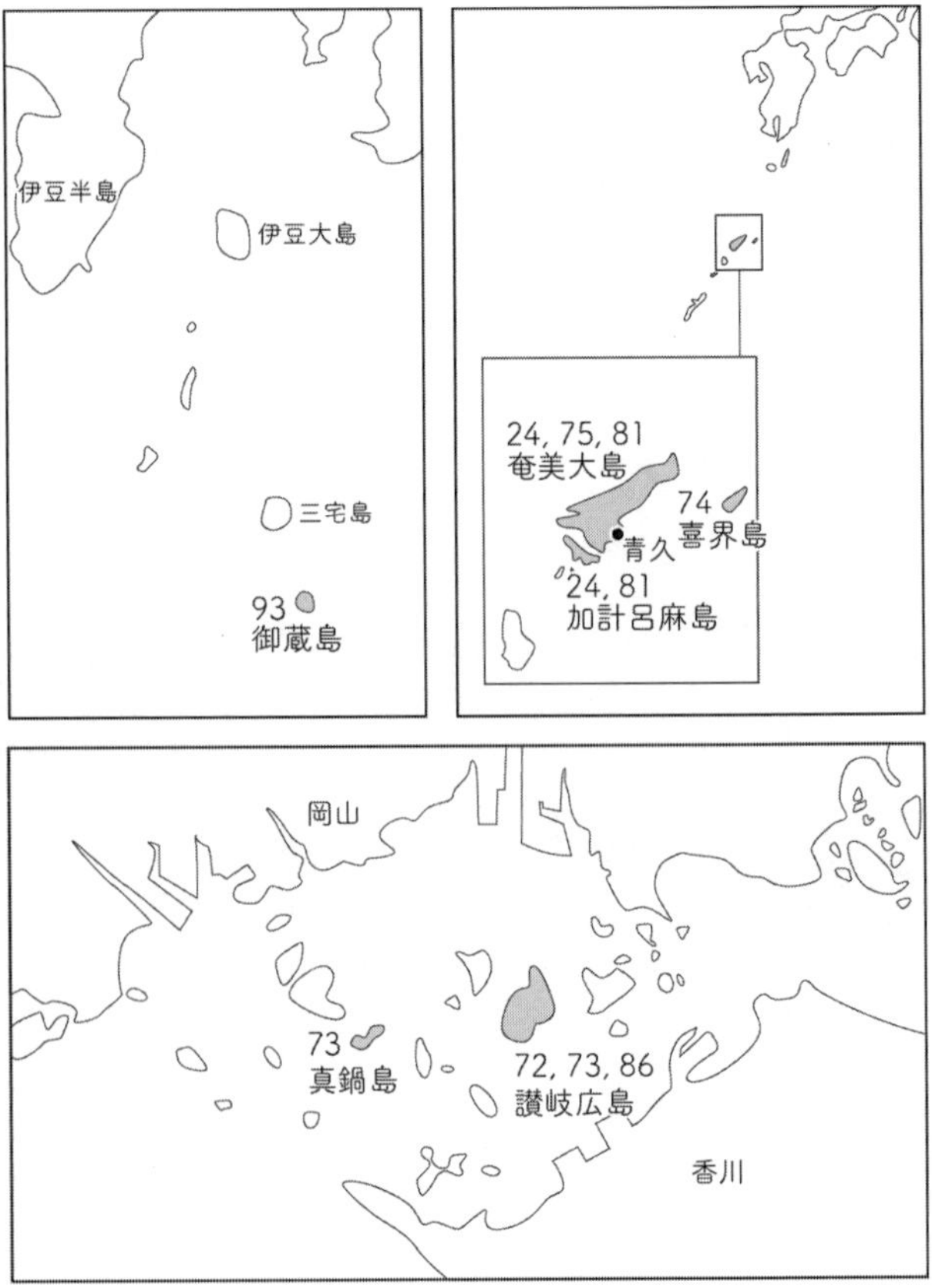

Chapter.1　芽生え

旅のはじまり

旅と出会い、少しずつ日常が色づき、
人生の尊さや生きる楽しさを見つけた頃——

01 イニシエーション

世界の果てに「自由」はある

旅を生業にしていると、「旅を始めたきっかけ」について聞かれることがある。そのたびに、「父が赴任していたフィリピンへ行ったとき」と答えていたけれど、正確にはもっと先に遡ると思っている。では、なぜそう言ってこなかったか。それはあまり楽しいものではなくて、モノクロームな思い出を伴うからだ。

東京・大田区の小学校、5年4組。

ある日、学校へ行くと、私の居場所がなくなっていた。具合が悪くて学校を休んだ翌日のことだった。学芸会のような、催し物の練習をしていた期間中だったかと思う。おそらく、その練習中に、何か同級生に対して私が気に障るようなことをしでかしたのかもしれない。はっきりとした理由もわからないまま、無視されたり、嫌がらせをされる日々が始まった。

態度が気にいらない。

目立つな、調子に乗るな。

むかつく、死ね。

急に始まったいじめは、おそらく、以前から私が人を不快にさせる「何か」を振りまいていた結果だったのだと悟った。疎外感と孤独感。

子供の世界は、大人が思う以上に残酷だ。小さな、でもはっきりとした社会的組織が存在している。動物的本能によって、仲間のうちで上に立つ者を認識する。そうして空気を読み、したたかさやあざとさを身につけ、保身していく。

みんな、ずるい。嫌な世界だ——。

「学校へ行きたくない」と母に告げてから、私の心はさらに沈んだ。できるだけ同級生と同じ中学校へ入りたくないという理由で、私立中学校を受験しようと勉強に打ち込んだ。心にわだかまりを抱えたまま、今するべきことに向かって進んでいた。

次第に、そのいじめは「どうでもいい」と飽きられたのだろう。多くの同級生は、何事もなかったように、割と普通に戻ってくれたように記憶している。

人は、楽しい思い出よりも、苦しい思い出のほうが記憶にずっと残るのだろうか。大人になるまで、なるべくほじくり返すのをやめていた小学校の思い出には、いつも色がなかった。やるせない感情とともに、いつも孤独を感じていたのを覚えている。

生きるって、苦しい。

早く、大人になりたい。

私は家にいても緊張していた。とくに過保護で心配性の母にはよく怒られた。一挙手一投足を干渉され、子供ながらに気を遣う。心からのびのびできる自分らしくいてもいい場所は、どこか遠い、世界の果てにある気がしていた。

行ってみたい、その果てに――。

運命みたいなものに対する抵抗感と、ただただ自由になりたいという憧れが、この時期から芽生えていった。それは、私を「旅の世界へと歩ませる」一粒の種が芽吹いたものだった。

旅は、〝独り〟を知ったときにはじまった。

今、モノクロームな思い出を過去の経験として受け入れるようになって、少しずつその頃の記憶にも色がつき、新たにわかったことがある。それは、この時期こそ、私が「私」になるために必要不可欠なものだったということだ。自分らしい人生を切り開くために、通らざるを得ない、せつなくも大切なイニシエーションであった。

一粒の種は、私なりにコツコツと水を与えて、今も大切に育てている。

いつか、大樹になる日を夢みて。

02 父との別れ

後悔は、やってからしよう

中学一年生になったとき、父は家を出ていった。

両親が離婚をしたわけではないが、私の心象を思い出すとそのようになる。

父は普通のサラリーマンで、子供達にはとても優しくて面白い人だった。ある日、父は「自分はフィリピンへ行く」と言った。

そのとき、私は内心ほっとしていた。両親はよく喧嘩をしていたので、平穏な日々を過ごせるなら、バラバラで暮らすことも悪くはない。それに、この別れは永遠の別れではないから。

父が日本から居なくなってすぐ、私は中学校の新しい生活にあくせくしていたし、毎日が特急列車のように進んでいくから、父の不在について考える日は少なかった。

今にして思う。父が奮闘して過ごしたフィリピンの日々を、私はもっともっと知りたかった。たくさんのことを学びたかった。

父は日本の会社から支援を受けて、マニラに工場を建てて会社をつくり、フィリピン人を雇って働き始めた。昔から趣味で絵を描いたり、小説を書いたりするのが好きで、それがまあなかなかの出来栄え（偉そうに言うなと、怒られそう）。身内贔屓を抜いても才能あふれる人だった。

その才能は受け継がなかったけれど、旅を愛するDNAのようなものは、100%父親譲りだ。無謀と言えることも好奇心のほうが勝ってしまうから、とりあえず動くのだ。

「後悔するなら、やってからにしようや」

そういう父の言葉に幾度となく支えられて、私がついに「会社を辞めて世界放浪の旅に出る」と言ったとき父は、さぞかし驚いただろう。でも、そのときでさえ、「ふうん」としか言わなかった。内心、どう思っていたのか、今はもう聞くことができない。

「後悔するなら」と心に思っていても、きっと人は後悔する生き物なのだろう。相手がこの世界にいるときに、少しでもチャンスがあるならば、「やってみてから」潔く後悔したいとつくづく思う。

03 カルチャーショック

では、おまえは幸せなのか？

甘いような、汗くさいような匂い、裸足の子供たち、ざわめき。

「タクシー？　タクシー？」「カモン、ヘイ、マダム！」

次々と、矢のように飛んでくる客引きの声に、心臓がひやりとしたのを覚えている。

今から25年前、マニラのニノイ・アキノ国際空港に初めて降り立ったとき、これぞカルチャーショックか、という衝撃を受けた。テレビで、貧困国の様子を報道する映像を観たことは何度かある。けれど、そこには音の立体感もなければ、複雑な匂いも、私を突き刺すような眼差しもない。

世界は、かくも違うのか。

父がフィリピンに赴任して初めてマニラを訪ねた13歳の私の前に、五感が沸騰するような、踊り出すような世界が広がった。だけど、身なりの貧しそうなフィリピン人とは、決して目が合ってはいけないと思った。

再会を果たした父に連れられて、タクシーでホテルへ向かう道すがらに大粒の雨がぽたぽたと空から落ちてきた。フィリピンは雨季だったようだ。あっという間に道は冠水して、雨は川のように勢いを増して、道を流れた。

ウイーン、ウイーンと単調な音を奏でるワイパーから、かろうじて外の世界を確認した。

「あれは、スラム街？」

家とも呼べないような簡易的なつくりの住居群は、増水した川に飲み込まれそうだった。人生で初めて間近に見るスラム街は、明らかに不衛生。

「貧しいね。わたし、こんなところに生まれなくてよかった」

心からそう思った。同時に、さまざまな問いも浮かんだ。

では、おまえは幸せなのか？

では、おまえは豊かなのか？

幸せってなに、豊かさってなに？

その答えの道しるべとなる話は、父が与えてくれた。

「フィリピンで牧師をしている日本人に聞いた話がある」と前口上を置いて、こう話した。

あるとき、その牧師さんが車に乗っていたらね、外から物乞いの少年にせがまれて、10ペソをあげたんだって。せっかくだから車に乗せてあげたらしい。教会へ連れていくことにしたのかもね。しばらくすると、また物乞いの少女にお金をせがまれた。もうコインを持っていなかったから、どうしたものかと困ってしまった。そのとき、少年がすぐに5ペソを取り出して、少女にあげたそうだよ。

この取るに足らないささやかな物語の中に、大切な答えがあることを感じ取った。もし、私がその日暮らしの貧しい生活をしていたら、やっと手に入れたお金の半分をすぐ、誰かに分け与えることができるだろうか。

そう思うと急に自分が恥ずかしくなった。いかに物質的に、衛生的に恵まれた環境にいようとも、心は弱く、小さな不幸や不運に自分を哀れむくせに。私は彼のことを何も知らないのに。

フィリピン人はよく笑う。明るいラテン気質の性格は、スペイン人の血が混ざっているからか、それとも南国育ちがそうさせるのだろうか。貧困国とは思えない大らかさにも驚いた。

「彼らは、敬虔なキリスト教徒だからね。隣人を愛せよ、なんじゃないの？」と父が楽しそうに話していたものだ。

ここに生まれなくてよかったか、そうではなかったか。

大切なことは、どこに生まれるかではない。

豊かさや幸せは、目に見えないところにこそ、世界にあふれている。

心の目で見つけられるかは、どう生きるかだ。

04 生きるために働く
18歳のロセーヌ

父を訪ねて、初めて一人でフィリピンのマニラに行ったのは15歳のときだった。事前に父に頼まれた日本食材やゴキブリホイホイなどを持って、意気揚々と日本を発った。

「彼女はロセーヌ。ミンダナオ島から出稼ぎに来ているメイドさん。英語を教えてもらったらいいよ」

父には毎日仕事がある。マニラの会社にいる間は、18歳のロセーヌが家で相手になってくれるというのだ。自慢ではないが、英語はまったく話せなかった。たどたどしい挨拶だったけれど、ロセーヌはにっこりと笑顔で受け入れてくれた。

フィリピンはスペイン人が入植して以来、国教はカトリックで、第二公用語は英語だ。学校へ通ってさえいれば、母国語のタガログ語のほか、流暢に英語を話せるフィリピン人がほとんどだ。

ロセーヌに、いろいろなことを話しかけられたと思う。そのほとんどを、うやむやにごまかしてしまったことが情けない。ただ、一つはっきりと覚えている言葉がある。

「Your father is good man」

娘としてこんな嬉しいことはないけれど、思春期の恥ずかしさもあって、「No No!」と応えてしまった。そのときの、彼女のはにかんだ笑顔は、少し寂しげだった。

フィリピンでは幼くして、生きるために、家族の貧しい暮らしを支えるために、出稼ぎに出る少年や少女が多い。もし、故郷にいるロセーヌのお父さんを私の父に重ねてみていたのだとしたら、私は「うん、ありがとう!」と答えるべきだったかもしれない。

18歳になり、大学に入学した私は、アルバイトをしたお金でいよいよ旅をしてみようと思った。そのとき、ふとロセーヌのことを思った。ああそうか、同じ年の頃、彼女は家族のために、生きるために働いていたっけ。

ロセーヌ、どうしているかな。私はやっと、旅をすることで生きる楽しさや喜びを見つけたばかり。いつか胸を張って、生きるために働く私をあなたに見てほしい。

05 常夏のクリスマス

偏見は常識が生み出す

父が赴任していたフィリピンのマニラへ、クリスマスシーズンに家族で訪れた。キリスト教国家なので、クリスマスが一番盛り上がる。きらびやかなネオンやイルミネーションは日本にもあるけれど、はっきりと違うのは暑さだった。半袖に短パン、ビーサンの格好をしたフィリピン人は、意気揚々と街を歩き、楽しそう。

だけど、常夏のクリスマス？「なんだか、変だよね」と私は母に言った。クリスマスは、雪の積もるモミの木に、オーナメントをたっぷり飾って、鼻を赤くしたトナカイがサンタクロースを乗せて、それから雪原を駆けないと。変なの！

……当時の私をバチコンと叱りたい。こんな常識に囚われていたのは、私が無知だったからに他ならない。南半球に熱帯アジア、世界の多くの国は、暑いクリスマスを迎えているのだ。常識は無知を許し、無知は偏見を生むと、心に留めている。

06 進路

心がざわつく瞬間に、道しるべがある

マニラに行ったことで、世界には、さまざまな環境でその日を懸命に生き抜く人たちがいるのだと知った。当たり前の暮らしが、どこかの誰かには当たり前でないこともある。環境や生活習慣、文化など、「それって嘘でしょう？」と思える現実が広がっている。

大学の進路を心理学部に決めたのは、マニラの旅が大きく影響している。

「マネーマネー」と、同じ年くらいの子供たちが物乞いをしてくるような街中で、私は父の会社の社員であるアイリッシュという女性と一緒に、街を歩いていた。その日、父の代わりに彼女が街を案内してくれていた。

「アイリッシュ、私、あれに乗ってみたい」

指差したのは、ぎゅうぎゅうに人が乗った乗合タクシーのジプニー。フィリピン人の生活に欠かせない、移動手段だ。トラックほどの大きさで、荷台にあたる部分に座席があるが、後部は開けっ放し。乗りたい人は、手をあげればジプニーは止まってくれるので、後部から乗ればいい。

「OK、じゃあ、乗ってみよう！」

アイリッシュが手をあげ、私も一緒に後部から飛び乗った。中は思った以上に空間がある。だけど、次々に乗り込む乗客で、隣の人と1ミリの隙間もないほど、ぎゅっとした状態で座った。

そこに外国人はいなかった。あ、外国人は、私か。

そう思ったら、急にみんなに見られている気がして恥ずかしくなった。

アイリッシュが財布からお金を取り出すと、前のほうにいる乗客に手渡し、そこから運転手に支払われた。

「日本では、こんなタクシー、ないね？」

アイリッシュに言われて、頷く。

「でも、楽しい」

ガチャガチャに派手な装飾をしたジプシーに、次々に乗ってくる人たちも、お尻がはみ出そうになって座る人たちも、お金をみんなで回していくのも、東京には決してない人との距離感だった。

自分の普段いる場所が、遠い異国の光景に見えてきた。

誰かに物を乞うこともなく、何不自由なく暮らしているのに、キンキンに冷えた部屋の中にいるより、じとっと肌が汗ばむ暑ぐるしいジプニーの中にいるほうが、ずっと楽しくて、うれしい。

心がざわめいている。

心理学部をめざすようになったのは、人の心に興味を持ったからだ。なぜ人はこんなに心に囚われているのか。私のように、ある考えや価値観に囚われている人たちがいたら、もっと別の世界がある、別の見方があるってことを伝えられる人になりたい。

だから、カウンセラーになりたい。その道の厳しさも、自分に向いているかどうかもわからなかったけれど、夢を見つけた瞬間だった。

07 写真部

カメラは第3の目

大学に入って半年後、写真部の扉を叩いた。ただ、撮った写真を部員同士で評価し合うことは馴染めなかった。それに、写真の技術を高めたいという思いも、その頃は低かった。旅にカメラを持っていきたい。旅先で撮った写真を焼いてみたい。それだけのことだった。人に訴えるような写真や褒められる写真をめざしていたわけでもない。

今でこそ写真の技術をあげたいと思うけれど、それは、カメラが旅の相棒となってからずっと先のことである。それよりも、「写真を撮って旅する」ことが重要だったと思う。

何かを撮りたくて、旅先のあちこちに目を向けた。空も、足元も、ちょっと汚いところも。カメラは、まるで第3の目みたいになって、ぐいぐいと私に「ここも見て、あそこも」と視線を動かしてくれた。視野が広がる喜び。ただ記録するだけではない、カメラの持つチカラに心奪われていったのは、旅先だった。

08 青春18切符

大人という存在からの解放

大学にいたとき、どこかで、「奔流中国」という言葉が目に入った。それは、毎年開催されている、学生だけで中国を2、3週間旅するツアーだった。全国の学生が、出発の当日に神戸港へ集まり、新鑑真号というフェリーに乗って上海まで行く。そこから、中国人ガイドと一緒に中国を旅するというものだった。

二十歳の夏、私は大学の違う幼馴染の友人を誘って、奔流中国主催の「シルクロード周遊・砂漠紀行」の旅を申し込んだ。当時、世の中はSARSの感染拡大が落ち着いたばかりで、まだ予断を許さぬ状況。その年、全国から集まった学生は12名だった。

私と友人は、青春18切符で神戸まで向かった。バックパックを背負い、交通新聞社が発行する『時刻表』を持って、ちんたらちんたらと電車を乗り換えた。途中、電車を乗り間違えそうにもなったし、座席が空いていなくて通路で体育座りをして仮眠をとったりした。

不安も不満も苦痛もない。

それよりも、間違いを即座に正そうとしたり、「そんなことをして！」と叱ったりする大人がいないことが新鮮だった。いつだって母から、「あーしなさい」「これはよくない」と言われて育ってきた私にとって、それは母という〝大人〟からの解放に感じた。

早朝、神戸に着いた。いよいよ、旅がはじまる。固まった身体を伸ばして、バックパックを背負う。

「さあ、いこう」

これから、どんな景色が待っているだろう。どんな人たちと出会えるだろうか。ああ、どうして旅って、こんなにワクワクするんだろう。バックパックから一眼レフを取り出した。フィルムも大量に持ってきた。

電車を降りると、そこはもう日常とは違う空気がした。

潮風の吹く港へと向かう。旅の香りに包まれて。

09 歌う列車で

人それぞれ恥ずべきことは違うもの

奔流中国の「シルクロード・砂漠紀行」では、まず神戸港から新鑑真号に乗って上海へ向かった。そこから西へ向かい、西安、敦煌、トルファン、天山天地、ウイグルのウルムチまで行く。

中国では驚きと発見の連続だったが、最後まで悩ましかったのは腹痛だ。トルファンで、ブドウを大量に食べた後から雲行きが怪しくなった。水を飲んでも、お腹がごろごろごろごろと雷が鳴る。とにかく近くにトイレがあれば、すぐ向かう。だけど、腹痛以上にいつもハラハラとさせられたのは、トイレそのものだった。

不衛生だということでは、そうそう驚かない。ハエが100匹いようが、板と板の間にしゃがもうが、誰もいなければどうってことない。無心にして集中すればいい。だけど、なぜ用を足している女の子の向かいに別の女の子が立って、お喋りをしているか、理解できなかった。こういう光景は、何度も見かけたし、その横でお腹をおさえ、苦痛と戦うのは忍びなかった。それにトイレのドアもずいぶんと低く、鍵もないところが多い。平気で覗かれてしまうのだ。

ウルムチから寝台列車に52時間乗って上海へ戻るときだ。車内で出会った中国人のご夫婦にその話をした。

「そんなこと言ったら、日本の銭湯のほうが信じられない。番頭さんって、なんで男湯と女湯の間にいるの。丸見えじゃない」

私としては、大きな用を足しているところを見られるくらいなら、裸を見られるほうがいいと思ってしまう。でもその夫婦は、断じて、「信じられない」と言っている。

そんな話をしていたら、車掌の女性がいつの間にか一緒になっていて、気づけば歌がはじまった。この成り行きに私はさらに驚いたけれど、なんだかとってもおかしくて、いい時間だなあと思っていた。

そのとき、ウルムチの赤ちゃんを思い出した。

彼らは、オムツをしていなかった。その代わりに、パンツのお尻の部分に大きな穴が空いている。つまり、いつでもその穴から用が足せる状態になっている。

どこかの屋台にいたとき、向かいの席に、若い夫婦が大五郎ヘアの可愛らしい赤ちゃんを連れて食事をしていた。急に、お母さんが立ち上がり、抱っこしていた赤ちゃんを連れてトイレに駆け込んでいったのだ。

オムツをしなくても、ちゃんとそのタイミングがわかるなんて、すごい。

中国人にとって、生理現象は人間の当たり前の営みであって、それは決して恥ずべきことではないのかもしれない。むしろ、人前で衣を脱ぎすて裸をさらすほうが、恥ずべきことなのだろう。

ふと我にかえると、車内の歌声は一段と大きくなっていた。言葉にしてしまえば通じ合えない何かさえ、歌は優しく、強く、心を一つにしてくれた。

外の景色は、いまだ果てなき原野が広がっている。

10 日記

慣れることは強さ

学生の頃はまだ、ブログやインスタグラムなど無かったから、旅の記憶はひたすら日記に書いていた。今、こうして筆を進めている中、久しぶりに日記を読み返している。

そこに、こんな言葉があった。奔流中国のツアーに参加して、旅をしているときの終盤に書いたものだ。

——今日、友人が「慣れることが強さだ」と言った。いい発見だ。この旅で感じた強さには、いろいろある。寛容である強さや厳しくする強さ。今回たくさんの経験をして、私は少しだけ強くなったと、勝手に思う。ただ結局は、生まれた環境の違いにすぎないのかもしれない。もし中国で生まれていたら、あのトイレだって、中国人の我の強さも普通だろう。その環境でしか適応できない人間こそ、狭い世界から脱却できない。経験して、自分の〝もの〟にすることを大切にしていきたい。おやすみなさい。

11 無計画な旅

流すも逃げるも勇気がいる

まもなく大学を卒業するという3月に、念願のインドへ旅立った。当然、私の母は猛反対していた。「大丈夫、友達も一緒だから」と説得の日々。ようやく、「すべての旅程と泊まるホテルを書いていくこと」という条件がついたものの、しぶしぶ了解を得た。

幼馴染の友人とは「ま、適当に書いておけばいいよね」と言い合って、某ガイドブックに載っているホテルの名前と電話番号を紙に書き写していった。その〝適当〟な旅程表を「この通りに行くからね」と母に渡したが、内心では反発心があった。

この通りに行ってたまるか。旅はつくり上げるものだ。

実際、初日以外はすべて行き当たりばったりだった。電車は遅延するし、予定していた中流ホテルより、バックパッカーが集う安宿に泊まるほうが楽しいに決まっている。

あるとき、ガンジス川の上流にあるインド北部の町、リシュケシュにいた。ここは、ヨガの聖地だ。本場のヨガを体験してみたかった。街のあちこちには、アシュラムと呼ばれる「修行場」があって、たいてい宿泊しながらヨガもできる。

「なに、ここは二人で一部屋300円？」

「安いねー。いいじゃん、アシュラムだし」

お金を払い、痩せたインド人に案内された部屋を見て言葉を失った。湿った臭い、壊れかけたベッド、あ……ゴキブリ。

そして便器の中には、いつかのだれかの「それ」が残っていた。

「うわっ。ちょ、ちょっと。流す？　逃げる？」

流すも逃げるも勇気がいる。だが、もう夕刻だった。

「……流そう」と、大きなバケツに溜まった水を手桶ですくい、「それ」を葬った。

早朝、ほとんど寝付けない状態のまま、私と友人はバックパックを背負い、まるで泥棒のごとく足音を立てずに逃げ出した。

「ねえ、これって修行かな？　自分がレベルアップした気がする」

「あはは！　まあ、中級ホテルよりは楽しめたよね」

12 初めてのインド

自分に「おまじない」をかける

インドのデリーに着いたのは、２００５年の3月。夜9時にインディラ・ガンディー国際空港に無事着陸した。気温は30度を超えていた。肌がじっとりとする。

航空チケットを買った旅行代理店で、事前にお願いしていたタクシーに乗り込み、ホテルへ向かった。母に提出した〝実は適当な旅程表〟の初日に泊まると書いていた「スイス・インターナショナル」という中流ホテルだった。

外は雨が降っていた。

フィリピンのマニラに行ったときと似ている――。空港を離れるほど、貧困な街並みが見えてきた。マニラでは車窓からスラム街を初めて見て、カルチャーショックをうけた。その経験が抗体となったのか、インドでは大きな衝撃を受けることはなかったが、車線はあってないようなもので、クラクションは鳴り止まず、横入り合戦が延々と続いていることに苦笑した。

ドライバーは車体をぶつけないよう気をつけながら、話しかけてきた。

「インドは初めて？」

「はい！」

「グッド。〈雨の日の旅はよい旅の暗示〉だよ」

ヒンドゥーではそう言うんだ、とドライバーは付け加えた。インドの宗教は、当時人口の80％以上がヒンドゥ教で、残りはイスラム教、キリスト教、仏教などが入る。

その言葉が本当なのか、わからない。だけど、その日の雨は、デリーで1ヵ月ぶりの雨だったらしい。旅の初日が雨だなんて、なんだかついてないように思えるが、インド人にとっては待ちわびた雨だった。恵の雨だ。

車窓のガラスをたたく雨つぶは、幸運な旅路を約束してくれる〝おまじない〟のように思えた。およそ3週間の旅は、きっとよい旅になるはずだ。

それ以来、私は雨の旅も嫌いではなくなった。むしろ、「よい旅になるぞ」と心で微笑む。今も、自分で自分に、あの日のおまじないをかけている。

13 死者の灰

大変だから生きることは尊い

学生の頃、強烈にインドに惹かれたのは、書店で藤原新也の『メメント・モリ』を見たからだ。ラテン語で、「死を想え」というそのタイトルに、興味が湧いた。パラパラとページをめくると、ある写真に目が止まった。

聖なる河とも、母なる大河とも言われるガンジス河のほとりで、二匹の犬が写っていた。一匹は死者にまたがり、もう一匹は死者の右足に食らいついているのだ。

そこには、「ニンゲンは犬に食われるほど自由だ。」という言葉が添えられている。

怖いという感情はなかった。むしろ、不気味な美しさがあった。そう感じる理由を知りたかった。インドに行けば、自由の本質がわかるのだろうか。

『メメント・モリ』によせた言葉のすべては、藤原新也が生み出しているというよりは、彼がインドで聞いた〝天の声〟のように感じられた。

そうして、デリーからジャイプール、アグラなどを経て、ガンジス河の聖地と称されるバラナシへ向かった。列車は3時間遅れていた。やがて列車の窓からガンジス河がちらりと見えてきて、人々の生活している姿があった。

バラナシ駅からオートリクシャに乗り、アグラから予約したゲストハウスに向かう。途中の細い道は通れず、仕方なく運転手の案内を頼りに、とても狭い道を歩いた。

階段を上ったときだ。

「あっ！　ガンジス河！」

悠々と流れている。そのほとりに、華やかな色とりどりのサリーを纏った女性や子供、上半身裸の男性が沐浴をしている。

その後、ゲストハウスにチェックインして、ふたたび歩き始めた。臭い、とにかく臭い。街中に立ち込める臭いは、生活排水、人の糞尿、体臭、食べ物の腐臭、それらがすべて合わさったように強烈だった。

生きていると、人は臭いものや汚いものに目をそむけてしまう。でもここでは、「異臭は誰のものか、現実を見ろ」と言われているようだった。

ガンジス河のほとりには、ガートという階段がいくつもあり、その階段を降りていくとそのまま河の中に入れる。階段の上のほうでは、観光客やインド人があてもなくガンジス河を眺めていた。

マニカルニカーガートへ来た。そこでは火葬が行われる。そのときは三カ所で、薪を組み合わせて死者の遺体を焼いていた。かたわらでは、インド人の家族か親族が泣いている。肉体を焼き尽くし、骨だけになるには温度が足りないのだろう。ある程度すると、死者は家族の手によって、そっと河に流された。

旅立ちだった。

母なるガンジス河とインド人の営みを眺めていると、大河のごとく運命に身を委ねて生きて、自然に還っていくという循環を感じずにはいられない。生きているときにあった差別やヒエラルキーも、人と犬の違いも、死の瞬間にはただ「みな、自然の一部」という対等な存在になる。

上も下もない、誰しもが自由な世界。きっと、ニンゲンが、犬に食われるほどに。

インドで出会う光景は、とても混沌として、まるで「生きることは死ぬことより大変だ」と突きつけられているようだった。
だからこの不自由な世界で、ささやかな幸せを紡いで懸命に生きている私たちは、実はとてつもなく尊く、愛おしい存在なのだと気づいた。

死を想え。
そのとき、儚くも美しい生を想う。

14 チャイ

できないことも受け入れる

ガンジス河のほとりにいると、少年がチャイを売りにやって来た。

インドには、チャイ屋さんといって、インド式の甘いミルクティーを売っている露店や大きなステンレス製のポットとコップを持って、歩きながら売っている人を街角でよく見かける。列車に乗っていると、「チャーーイ、チャイチャイチャイチャーーイ」と独特の抑揚をつけて売り子が通路を歩く。どれも、「ザ・インド」と感じられる光景の一つだ。

インド人はチャイが大好き。あのでっぷりとしたお腹は、長年蓄積されてきたチャイ太りもあると思う。かくいう私も、インドで何度も飲んだ。朝は寒く、日中は暑苦しい中、チャイを飲むと元気がでた。

インド人の中には、「これは薬だ」と言う人もいるくらいだ。

当時、ガンジス河では決してチャイは飲むなと噂されていた。どうやら、茶色いガンジス河の水を使っているという噂だった。赤痢になった日本人もいるとか。真偽はわからない。ただ、現地では、それはそれはいろいろな情報が錯綜していた。

だけど、はるばるガンジス河までやって来たのだから、経験できることはしてみたい。

でも、万が一病気になったら？

そこで、まずガンジス河に一度浸かってみることにした。それができたら飲んでみよう。

ガンジス河の水源は、ヒマラヤ山脈の氷河だという。もとは、綺麗な水である。

そうして、ガンジス河へ足を突っ込んだ。これまでの罪もすべて清めてもらおうと。

しかし、膝下までが限界だった。申し訳ないが、やはり、汚かった。

後先考えず、意を決すればできた気がする。だけど日に日に酷くなる腹痛を思えば、無理してはいけないと理性が働き、諦めの境地に至った。

結果として、聖なるガンジス河に浸かることも、そこでチャイを飲むこともできなかった。無念だ。それができる旅人がたくさんいることも知っている。彼らは凄いと思う。

ただ、旅で武勇伝をつくりたいわけじゃない。無理はしない。そして、「できなかった」という結果を受け入れることも、旅には必要な勇気なのだ。

15 友人の涙

どんな旅であれ、生きて帰れば花マル

インド旅を共にした幼馴染が、旅の終盤で倒れた。

リシュケリュという町にいた頃から、徐々に具合が悪くなっていたようだ。デリーに戻って、パハールガンジというメインバザールのある安宿街に泊まった。その日は彼女と一緒に土産物屋を見たり、ガンジーメモリアルミュージアムへ寄ったりした。

帰国前日、街中から安宿に帰ると、彼女はベッドに横になりしばらく休みたいと言う。その間、一人でまた外をぶらぶら歩くと、パハールガンジではストライキが起きていた。人が押し寄せ車が立ち往生している。

仕方なく、夕飯を軽く済ませてから安宿に戻ると、宿のオーナーと日本人男性が何かの件でもめていた。どうやら、情報ノート（当時、ネットなどほぼない状態なので、旅人が情報を残したノートが安宿などに置いてあった）に、何らかの情報を載せすぎだとか、そんな話だった。

それをよそ目に、部屋に戻る。4畳ほどの狭い一室で、ベッドは一つ。

「調子はどう？　夜ご飯、トーストだけど持ってきたよ」

反応の鈍い彼女のおでこに手をあてると、驚くほど熱い。体温計を借りて熱を測ると、39・9度だった。

「ちょ、ちょっと、病院行こうか？」

明日の夜、日本行きの飛行機に乗る。それまでに治さなければ、帰国は難しくなる。オーナーにすぐ相談すると、おそらくそういうバックパッカーはこれまでも大勢いたのだろう。明日、知り合いの医者に診てもらおうと言われた。

翌朝、部屋まで医者が来てくれた。全身、高熱で心配だ。

「うーむ。クリニックまで来てくれたら、注射を打てるのだが」

インドで注射……。やむなし。

彼女を連れて、オートリクシャですぐ近くのクリニックへ向かう。それが、巨大化したストライキでなかなか前に進まない。運転が荒くなり、「ええい、もう歩いてくれ！」と投げやりになったドライバーに見放され、なんとか歩いてクリニックへ着いた。

お尻にブスッと注射が打たれ、それから点滴をするという。

その間、私は安宿に戻り、二人分のパッキングをした。一緒に旅ができたことに感謝しながら、この3週間の荷物も思い出も詰め込んだ。

それから、彼女の実家に電話をして状況を説明した。

「今のところ大丈夫です。日本に着いたら、空港まで迎えに来てもらえませんか」

ふたたびクリニックに戻ると、点滴が終わり、彼女の状態は良くなっていた。熱も幾分下がったそうだ。ただ、原因はよくわからないらしい。

「今夜、帰れそう?」

「うん、帰りたい」

一緒に来てくれた宿のオーナーと三人で歩いて宿に戻ると、オーナーがタクシーを呼んでくれた。もう、大丈夫。

「ありがとうございました、また来ます！　お世話になりました！」

オーナーと別れ、私たちは帰路についた。

その途中、あろうことかタイヤがパンクした。数人のインド人が援助に来てくれ、なかには「チャイ飲みなよ」と熱いお茶をくれる人もいた。インドで散々飲んだチャイも、これが最後かな。

無事、日本に着いた。ぐったりとしていた友人は車椅子に乗って、私は二人分のバックパックを両肩にかつぎ、到着ロビーまで向かった。

「あ、おかえりなさい！」

幼馴染のお父さんとお母さんが心配そうにこちらを見ていた。

「よかったわ、無事に着いて」

お母さんの言葉に、旅の友はその旅で初めて泣いた。

どんな旅であれ、生きて帰れたら花マル。

「ありがとう」と言いあって、3週間ともにした友人と別れた。来月になれば、私たちは社会人になって、さらに別々の道を歩いていくことになる。

いつかまた、一緒に旅にでよう。

16 私は18歳

自分は自分、それが自分

初めて一人で海外へ行ったのは、大学1年生の夏だ。イギリスのウィンブルドン郊外にある街で、語学学校に2ヵ月通う短期留学だった。ホストファミリーはブリティッシュエアウェイズのキャビンアテンダントをしている美人のママと、鉄道関係の仕事をしている大柄なパパだ。とても優しく、そして自由にさせてくれたのが、心地よかった。

語学学校は、中庭のある美しい建物で、ヨーロッパやアジアから来ている学生や社会人が集まっていた。初日、ドキドキしながら最初の授業を待っていると、横に座ったスイス人の男の子が声をかけてきた。

「ねえ、きみ、何歳？　僕、16歳」

えっ、いきなり聞くか？　外国人って、もっとジェントルマンなんじゃないの？

「18歳よ」

素直に答えたのに、彼はあきらかに驚いて、

「えっ、15歳くらいにみえたよ」

「……」

ばっきゃろう。そんなこと知ってるわ！　と、内心で暴言を吐く。どこへ行っても、幼く見えるのは自覚していた（もちろん当時）。そのコンプレックスを、どストレートに突いてくるとは、むしろ気持ちがいいというべき？

ただ、その悔しさの中には、海外の人たちの大人びた顔だけでなく、立ち居振る舞いの美しさや、芯のあるはっきりとした意見、決して他人に同調しない姿勢など、私に足らないものをたくさん持っていることが、羨ましかった。

そんなスイスボーイとはいつの間にかクラスが別になったけれど、長く滞在しているうちに、ドイツ、フランス、ロシア、韓国など様々な国の友達ができた。

「自分は自分」という彼らといて、私は自分の見た目も年齢も国籍も、もっと大切にしたいと強く思った。私は18歳。何が悪い。

17 自由の羽

人の笑顔を見たいなら、自分でやる

イギリスに短期留学中、9月に入ると、ホームステイ先のパパとママが、

「ノゾミ、私たちね、来週バカンスに行くから、適当に過ごしてもらえるかしら。友達呼んでもいいから」とにこやかに言って、私を置いて一週間ほどいなくなってしまった。

人生で初めての一人暮らしだ。それも、異国の街で。初日こそ不安だったものの、完全なる自由を手にした私は、「ひゃっほう!」と両手を広げて喜んだ。

その頃には様々な国の友人もできていたし、学校が終わると夕方駅前に集まって、みんなとPUBでおしゃべりするのが日課だった。恥ずかしながら、当時の私は、ほとんどPUBで英語を覚えたと思っている。

一人暮らしが数日経って、学校で知り合った日本人2人に声をかけた。

「もうすぐ帰国するし、日本食パーティをしてみたいんだけど、協力してくれない?」

その後、クラスメイト10名ほどを誘って、家へ招待した。本当は、パパとママもいてくれたらよかったけれど。

事前に日本食材を売っているアジア食品店に行って、最低限ではあるが、醤油やみそ、みりん、豆腐、おたふくソースなど買うことができた。よし、なんとかなる。

鍋でお米を炊き、味噌汁、肉じゃが、お好み焼き、焼きそばなどをテーブルに並べる。

友人たちが飲み物などお土産を持ってやってくると、「ワーオ！」「ビューティフル！」とひとしきり喜んでくれて、「これはいける」「ミソスープはちょっと」と、みんなの反応が面白くて、嬉しかった。それから学校やそれぞれの国の話をして、たくさん笑った。

自分でやろうと思えば、人を笑顔にすることってできるんだ。たとえ違う国の人たちであっても。そんな小さな自信と、「自分でやれる」ことの自由に、胸が踊った。

みんなが帰るとき、ロシア人の女の子が「これ、お土産」と黒ネコのガラス細工の置物をくれた。手のひらにちょこんと乗る小さな黒ネコ。

バタンとドアを閉め、静けさが戻ったとき、手の中にいる黒ネコをみた。その背中には、自由の羽が生えていた。もっともっと、自分が思うように、飛んでいきたい。

18 他愛もない思い出

謝ることができる強さが夢をかなえる

中学3年生で初めて同じクラスになった友達は、とても聡明で、センスのある冗談も面白くて、すぐに仲良くなった。おまけにスタイルもよくて、美人。私服がダサくて、童顔でヘアスタイルもキマらない私には、憧れの存在だった。少し繊細で、気難しいところもあったけれど、弱点があるほうが、人間らしくて親しみがもてた。

彼女とは、これまでに何度も一緒に旅をした。

インドネシアのバリ島に行ったときだ。

土産物屋で、「これ可愛いね」と彼女が手にするものはどれも素敵に見えて、「ほんとだ、ね、私も真似していい？」なんて言ったものだ。

その日の夜、些細なことで喧嘩をした。ホテルの部屋で、私が先にお風呂からあがると、彼女はとても不機嫌だった。理由は、「なんで、いつもあなたが先に入るの？」ということで、正直びっくりしてしまった。お風呂なんて後でもよかった。だけどそれに気がつかず、申し訳ないと思った。同時に、そんなことで不機嫌にならなくてもと、私もムッとしてしまった。

気まずい雰囲気のまま、部屋の電気を消して眠った。

なんだか眠れなかった。しばらくすると、暗闇の中で声が聞こえた。

「ごめんね」

彼女の一言に、私は胸が高鳴ったのを覚えている。

謝ることのできる冷静さと強さ、そして勇気を、彼女はちゃんともっていた。

その後、叶えたい夢があると言って、彼女は留学を決めて日本を発った。あの強さとやさしさがあれば、きっとどこへ行っても乗り越えていけるだろう。

今、彼女は最愛の人と国際結婚をして、可愛らしいハーフの子供がいる。

学校でも毎日会ったし、渋谷にもよくショッピングへ出かけた。きっとくだらない喧嘩もたくさんしたかもしれない。なのに力強く心に残っているのは、こんな小さな、他愛もない旅先の思い出なのだ。

19 小さな嘘

もっと、適当に生きてもいい

インドを旅する直前、実は北アフリカのモロッコを約3週間かけて、幼馴染と一緒に旅をした。初めてのイスラム教国家だ。モロッコは、海、山、砂漠のある自然豊かな国で、点在するモスクは文句なしの美しさ。街中のカフェや宿は、モロカン式で、とても可愛らしくて興奮した。

しかし、モロッコではよく嘘をつかれた。大きな嘘ではなく、小さな嘘だ。

「あの、ここへ行きたいんですけど、どこですか？」

メディナと呼ばれる旧市街は、道が複雑に入り組んでいるため、ガイドブックの地図を見てもすぐ迷ってしまう。優しそうなお姉さんに声をかける。まじまじと地図を見て、

「それなら、こっちよ」

と教えてくれるので、その道を進むと行き止まり。

ふたたび元いた場所に戻り、地図を見ていると、おじさんが近づいてきた。

「どうした？　ふむ、ここならそっちだ」

さきほどのお姉さんとは、真逆を指した。本当か？

「だいじょうぶだ、そっちだ」

そうして、そっちへ向かうけれど、なかなか着かない。あげく、また迷った。

「どこ行きたいの？」

土産屋のお兄さんが声をかけてきた。モロッコ人は、やさしい。中には性悪な人もいるだろうが、基本的に困っていると助けてくれる。

でもね、お願いだから、知らないなら、知らないと言ってほしい。

「ああ、そこね。じゃあ、連れていってあげるよ」

お、それならば確実だろう。ところが、可愛いモロカン雑貨を見せてきて、

「その前にお土産見てってよ、さあさあ」

モロッコ人は、決して嘘をつこうと思っているわけではないとわかった。ただ、真面目な日本人に揉まれて育った私には、この適当すぎる性格が眩しく思えた。

20 選択

自分をごまかすと、後が苦しい

カウンセラーになる夢は、大学2年のときに諦めた。

3年生になる前、心理学の専門分野に分かれたゼミを選択しなくてはならず、カウンセラーをめざすならば、臨床心理学のゼミをとる必要がある。

カウンセラーには、相当な心の強さと客観的な観察力が必要とされる。人を救うとか、助けるとか、そんなチカラが私にあるだろうか？　こんな生半可な気持ちで専門職につき、人と向き合えるのか、私にはまったく自信がなかった。

そもそも、自分が本当にやりたいことは「それではないはずだ」という、胸のつかえを覚えていた。

では、何がしたいんだろう。

たった20年の人生でも、学んだことはある。私は、その学びの多くを旅先で得た。人やその暮らし、街並みを見て、〝心次第で世界の見え方が変わる〟ことに気づいた。

もっと、偏見のない目で、世界を見たい。ありのままの世界を知りたい。

そして、自信が持てる夢を見つけたい。

いつか誰かの為にちゃんと向き合って、心を救いたいという自信とチカラがついたら、またカウンセラーをめざせばいい。夢を柔軟に変えていくことは、悪いことではないはずだ。それよりも、自分をごまかしていくほうが苦しくなる。

大学3年生で、私は産業心理学のゼミをとった。

世界観や価値観を変えてくれた旅。その旅に連れていってくれる乗り物系や、旅を伝えるメディアに興味があった。電車、飛行機、本や雑誌、テレビ、ラジオや広告。

その年、圧倒的に人気のある臨床心理や発達心理に比べると、産業心理を選択した同級生は少なく、私を含めて8名だった。先般ご退官されたが、産業心理学業界の第一人者と呼ばれる芳賀繁教授のもとで、残りの学生生活を送ることになった。

卒論は、「テレビCMとラジオCMでは、どちらが記憶に残るのか」という議題を設けた。そうしているうちに、「伝える」というメディアの世界へと心が惹かれていった。

21 スケッチブック

好きなことには、チカラも湧く

学生の頃から旅先にスケッチブックを持っていくようになった。当時はインターネットを使って旅の記録を書けるものがなく、写真を撮るか、日記を書くことでしか、旅を記録できなかった。

私は小さな頃から日記を書いていた。あるとき、家族に勝手に読まれたことがショックで、すべての日記を捨ててしまった。ただ、書くという行為が好きで、旅に出るときは続けた。1日の終わりに、移動の列車時間に、カフェで。

持っていくのは、スケッチブックだ。

今はパソコンを持ち歩き、簡単にメモができるようになってしまったから、スケッチブックを持っていかなくなってしまった。ちょっと、寂しく思う。

スケッチブックには、日記のほか、当時使った航空券のチケットや入場券、泊まった宿や出会った旅人の名刺などが貼り付けてある。水彩絵の具も持って行ったので、数ページにはへたくそな絵も描かれている。

まじまじと見返して、よくもまあ、こんな時間があったなあと思う。旅の感動や迷い、疑問が素直な心で語られている。

いい旅、してたんだな。たいてい、「お腹を壊した」と書いているけど……。

結局、将来自分がやりたいことは、「本をつくること」だと確信できたのは、このスケッチブックのおかげだ。もちろん、誰かに見せるために書いていたわけではないけれど、旅先で、スケッチブックを一冊仕上げてくることがとても好きだった。

写真を撮ること。スケッチブックに書いて、一冊にまとめること。

これが私の好きなこと、できることだ。

だからと言って、書き手になりたいわけではなく、旅をするたくさんの人の一冊をつくれたら。そのチカラにならら、私はなれるかもしれない。

22歳、サイバーエージェントの子会社として、出版社を立ち上げるメンバーに入れてもらい、編者者としての道を歩み始めた。

22　初めて通った企画

目標があるから誇りとやりがいを持てる

「このブログを本にしたいです」

編集会議で初めて自分の企画が通ったのは、入社して1年後。イラク戦争中のサマワへ行き、取材の裏側を綴った新聞社写真記者のブログを書籍化するという企画だった。

すでに帰国している著者と会い、書籍化の承諾を得て、企画は進んだ。

イラクと自衛隊ブログ。

時は「電車男」や「鬼嫁日記」など、ブログを書籍化するという流れが全盛期だった頃だ。そんな中、硬派で社会性のあるブログも本にしようと決めたのは、編集長だった。

編集長は、小説家の山川健一氏である。１００冊以上の著書があり、今となっては私の〝書き手〟の師匠であるが、当時はまだまだ、ひよっこ編集者にとっては鬼のような存在。

……でもなかった。

「おまえ、もっと言うこと聞けよ！」

「いやでーす」

周りにはいつも、また親子ゲンカしてるよ、と言われていた。

イラクと自衛隊ブログの企画が通った編集会議では、「予算をちゃんと出して、その範囲で好きにつくってみな」と言ってくれた。

新聞では、ある程度思想に偏りがあり、「どう読者に伝えるか」というフィルター越しでは、多面的に現地の様子を伝えることは難しい。テロや血なまぐさいストライキが起こる一方で、すぐそばでは女性も子供も暮らす日常がある。

著者のブログは一種の「旅行記」だった。新聞社の人間という以前に、率直に見たもの、感じたことが、ありのままに綴られ、書き手によるバイアスが存分に入っている。だから、このブログは臨場感があるし、共感を呼ぶ。

よし、報道では取り上げられない現地のこと、兵士の本音、自衛隊の活動、著者の想いを「旅行記」のような体裁で、重々しくないようにしてつくり上げよう。

そう考えて、本の装丁は、私が影響を受けた旅行記を参考にした。沢木耕太郎の『深夜特急』、藤原新也の『印度放浪』、小林紀晴の『アジアンジャパニーズ』など。その芯にある共通の〝リアリティ〟を真似してみたいと思った。

編集部のデザイナーさんが装丁を担当してくれることになった。海外でよく売られているような、ペーパーバックのような質感のものにしようかと話し合った。

本の中には、著者が現地で撮ったが新聞には載らなかった写真も、モノクロでふんだんに載せることにした。本当はカラー写真にしたかったが、予算の都合上難しい。だけど、新聞社写真記者の写真というのもあるのだろうか。モノクロで載せたほうが迫力があり、人の心を惹きつける引力があるように感じた。

こうして、「誰かが見た世界を伝える」という自分なりの目標に向かい、右往左往しながらも、編集者としてのやりがいと誇りを胸に持って、原稿を読む日々が始まった。

23 現実

不幸を見つけようとするのが不幸

２００６年、世界ではイラク戦争が勃発して、日本では小泉内閣のもと自衛隊が現地へ派遣されていた。その時期、イラクのサマワを取材していた元新聞社写真記者が、帰国後に現地の様子をブログに書き下ろしていたので、書籍化させてもらうことにした。私にとって、初めて出した企画による本の製作だった。

おおよそブログの記事を元に編集した。本文が一式出来上がり、残りのプロローグとエピローグの書き下ろしが著者の岡本宏さんから送られてきた。

そこには、読者の心を揺さぶり、社内の評価が上がるようなシリアスな写真を撮りたかったのに、現地の子供たちはいつもそれをぶち壊し、「ねえねえ、僕たちの写真を撮ってよ！」と笑顔を向けてくるのだと語られていた。

そして、続いてこう書いてあった。

——彼らは、日本の子供たちより貧しいでしょう。学校に行けない子供もいました。日本人から見れば不幸なはずです。けれども、日本の子供よりもはるかに幸せそうに見えるのです。（中略）

あの日私は、おそらく「不幸」を見に行ったのだと思います。あそこにいけば簡単に見られると。イラクという国は、不幸な国だから、頑張って不幸を見つける。見つけたら、あとは自分の表現技術で、それをまさに不幸に写す。（中略）

ところが、写真に不幸が写っていなかったのです。いや、それどころか、水辺で生活する幸せそうな家族の姿が記録されていたのです。「おかしい」。自分の中で何かが崩れていうのと同時に、その写真が持つ力に引き込まれていったのです。——

岡本さんが吐露した素直な思いは、私がそれまでに旅先で何度か抱く「わだかまり」を的確に解消してくれるものだった。

フィリピンやインドで出会った貧しい人たちを見て、「かわいそう」「不幸だ」と思う自分がいる一方で、「なんだか違う」という違和感がいつもあった。もしかしたら、私はどこかでこう思っていたのかもしれない。

自分より不幸な人たちはいるはずだ。どこにいるんだと。

だけど行く先々で出会う人には、笑顔があり、力強く生きるエネルギーが放たれ、人生を受け入れる諦観があり、私が探している「不幸」は見当たらなかった。

不幸を見つけようとする、卑しい心があることに気づかされた。私のほうが、幸せからずっと遠い人かもしれない。

幸せと不幸は、決して相対的に決められない。

自分以外の誰かが、評価するものではない。

夜、静まり返った編集部で岡本さんのエピローグを読み、ため息がこぼれた。ふと外を眺めると、ガラスに私の姿が映っていた。

「今、あなたは幸せ?」と問うてみたが、返事はなかった。

24 旅の本

周りに言い続ければ、それは集まってくる

ある日、隣のデスクにいる山川編集長に声をかけられた。

「なあ、おまえさあ、旅好きじゃん」

「好きです、旅してきていいんですか？」

「そうじゃなくて、島旅の本つくんない？」

誰の、どんな本かも聞かされずに、旅というだけで頷いた。

後日紹介されたのが、島旅関連の本を多数出版されている斎藤潤さんだった。物腰の柔らかい、でも旅人のような野生感のある素敵なおじさん。山川編集長とは、高校の同級生だそうだ。私は担当編集となった。

２０１０年の秋に、私たちは奄美大島・加計呂麻島へ出発した。この島旅をきっかけに、私は日本の島へとはまっていく。本格的に島へ行くようになったのは、その後旅立つ世界

放浪から帰った後の話だ。

入社してすぐ、編集長に「どんな本をつくりたいか」と聞かれたことがあった。「旅の本です」といって見せたのは、学生時代につくった旅のスケッチブックだった。このとき、初めて他人に見せた。後日、編集長からスケッチブックを返されたとき、「おまえが、純粋なヤツだってことだけはわかったよ」と言われた。

それが、純粋に旅が好きという意味なのか、よくわからなかった。

その後もとにかく「旅が好き」と言い続けたので、編集部の先輩たちには「旅が好きすぎる子」として認識され、休みをとって旅にでるときは「いってらっしゃい！」と理解が深かった。島旅の本を担当させてもらえたのも、旅ならば「おまえがやれよ」という編集長の采配だったと思う。

私は、本当に好きなことは、堂々と周りに言ったらいいと思う。そうすれば、類は友を呼び、好きなことは自然と自分に集まってくる気がしている。

そもそも、編集長も旅が好きだったのだ。

25 卒業

見えない未来の不安より、日々悶々と過ごすほうが怖い

「私、会社を辞めて世界放浪をする」

その言葉をはっきりと口にしたのは、チュニジアを旅していたときだ。

2010年、サイバーエージェントの同期二人と一緒に、チュニジアをぐるっと約2週間かけて巡っていた。当時、会社に数年以上勤務すると、まとめて休める制度があって、編集部に極力迷惑をかけないよう仕事を調整して旅立った。

フランス植民地時代の影響で、〝フレンチアラビアン〟と呼ばれるチュニジアは、カフェや町並みがヨーロッパのような一面をもつ首都チュニスから出発して、内陸の古都ケロアン、サハラ砂漠の町トルーズやティンバイン、サハラ砂漠北部の巨大な塩湖、元遊牧民の村だったマトマタ……と駆けめぐった。

映画「スターウォーズ」のロケ地がいくつもあるチュニジアは、自然や風土、人の暮ら

しはたしかにどこかの惑星のようで、日本からはるか遠い北アフリカよりも、実はもっと遠くに来ているように思えた。

バックパックを背負い、地図を広げ、携帯電話（当時ガラケー）の通じない場所で、自由に心赴くままに旅をした。

ケロアンという古都で、チュニジア人の女の子たちと出会った。

「うちに遊びに来ない？」と誘ってくれたのは、イタリア系の顔をした色白の女の子だ。せっかくなので、次に行く予定の街をすっ飛ばすことにして、ケロアンの滞在を延ばし、彼女の家へ行ってみた。

翌日のランチタイムにお邪魔すると、テーブルには巨大なお皿に、こんもりとクスクスが盛られていた。上には骨付き肉がどん！　とのっている。

「さあさあ、羊のクスクスよ、どうぞ」

チュニジアでは、客をもてなすときに羊を料って、クスクスを出すらしい。おもてなしの心が嬉しくて、野性味溢れるクスクスはもちろん、美味しかった。

目の前に広がるすべてが、一つ一つ、キラキラしてみえた。

「私、世界を旅する」

そんな旅の終盤、ふいに口から出た言葉に、私自身が「そうか」と思った。世界放浪の旅は、憧れであり、いつかの夢だった。

社会人生活は、とても充実していた。失敗もたくさんして、編集部に迷惑もかけたけれど。なにせ、編集部はたったの4人。企画を出して、原稿を読み、製本・印刷費の原価を1円でも下げる交渉もした。本が出たら、書店まわりをするのも編集者だった。通称、なんでも編集屋さん。おかげで、本をつくる楽しさや、誰かの本を世に出せる喜びを直に味わえるのが嬉しかった。

だからこそ、今、辞められる。卒業だ！

でも、それで生きていけるのか。その問いについては、不思議なほどに迷うことがなかった。見えない未来を不安に思うくらいなら、旅に出ずして悶々と過ごしていくほうが怖い。性にも合わない。

帰国した翌日、会社に行って、編集長に告げた。

「会社を辞めて旅に出ます」

編集長は、ひと呼吸置いて、「おう、行ってこいよ」と言い、それからもうひと呼吸置いて、「だって、おまえ旅が好きなんだろ」と言った。

これを信頼関係というのかわからないけれど、頭ごなしに「冗談だろう、やめとけ!」と言わない編集長の間近（本当にデスクも真横）で過ごせた日々に、幸運に、感謝した。

話をどのように解釈したのかわからないが、「それで、おまえいつベリーダンス留学するの?」と編集長に言われたときは、持っていた原稿が手元から落ちた。その頃、編集部の先輩たちと趣味でベリーダンスを習っていたし、私がチュニジアから帰ってきた直後の報告だったから、そういうストーリーになったのだろう。さすがは、小説家だ。

そうして、会社を退社した日に、私は空港へ向かった。

もう私には、一つとして肩書きがない。その身軽さが、心地よかった。

Chapter.2　気づき

新しい世界

29歳で会社を辞めて
世界放浪の旅へ。
自分らしい人生を描くために——

26 友達の一言

心に、感情に、ふたをしない

2011年12月27日、私は会社の人事部に社員証を返却し、羽田空港へと向かった。これから、世界へ旅立つ。

ついにこの日がやってきたのに、心は冷静だった。今でも思い出すのは、出発の数日前に自宅から見上げた、まあるい満月。遠くに光る摩天楼群の上空に、ぽっかりと浮かんでいた。不気味なほどに、黄色かった。

次の満月をここで見るのは1年以上先になるのかと、少しだけ感傷に浸った。逆に言えば、そんな一瞬の心境だけが妙に頭に残っている。

羽田空港に到着したのは、夜22時を過ぎていた。開いている食堂に入ると、「見送りに行くよ！」と言ってくれた会社の同期4人、高校のときの友達1人が、やって来てくれた。

そのうち2人は、一緒にチュニジアを旅して、「ねえ、私は世界放浪の旅に出るよ！」と、私の意思を、夢を、初めて宣言した会社の同期だ。

「じゃあ、搭乗口へ向かうね」

そう言うと、みんなが出発ゲートまで来てくれた。そのとき、高校の友達が、

「死なないでね――！」と泣いた。

「えっ。私、死ぬの？」と、私は驚きながら笑って彼女を抱きしめた。


私の代わりにありがとう、と心で思う。


世界放浪を前にして、おおよその準備はできたと思っていた。だけどまだ不十分だった。

私は、不安や恐怖心にきつくふたをしたままだった。

でも本当は、心のふたを緩めて、不安や恐怖心も一緒に旅に連れ出さなくてはならなかった。それが結果的に、私に危険を察知させ、決して無理をさせないからだ。

心に、感情に、ふたをしない。

「よし、行ってきます！」と、霞が晴れたような気分でみんなに言った。

27 お金

何にも支配されない自分で

日本を出て2週間、初めて途方に暮れてしまった。ミャンマーに入国してすぐ、手持ちのガイドブックを紛失したうえに、現金しか使えない国だとわかったからだ。

ガイドブック紛失にこれほど落ち込んだのは、ほぼWiFi環境がないに等しい国で、頼りの情報源が失われたからだ。結果的には、2日目に泊まったゲストハウスで、日本語のガイドブックが売られていたので助かった。

最後までドキドキしたのは現金だ。たったの10万円だけ現金を持って日本を出て、すでに2万円を使っていた。逆にそれだけしか使わずに済んだのは、日本で事前に準備した国際キャッシングカードがあったから。

旅の移動中は、首都や大きな街に必ず立ち寄る。空路で国境を越えるときには空港に着く。そのあたりでは、24時間稼働するATMが設置されている。小さな田舎町へ向かう前に、まとめて現地通貨を引き出せば問題なかった。

駆け足ではあるが、ミャンマーには2週間滞在する予定だった。首都ヤンゴンを起点に、マンダレー、バガン、インレーと街や村をめぐる。だが、ヤンゴンにはATMがない。手持ちの現金を両替していくしかない。

「僕、日本に帰ることになりそう。もうダメです……」

ヤンゴンで出会った日本人旅行者が、私と同じ境遇で、ミャンマーに着いて早々泣き言を吐いた。数日後の自分を見ているようで、ぞぞぞ、とする。

「あと、残りいくら……」と恐る恐る計算をしながら、その中で旅をする。やがて、ゲームのような感覚でやりくりして過ごすことを楽しむようになった。それに、お金がここまで尽きたら、次の国へ行けばいいと吹っ切れてもいた。

ところが、なんだかんだでお金は足りたのである。まず、宿代が安かった。安宿はどこも一泊平均10ドル。その上、長距離バスも食費もド派手に安い。ありがたかった。

予算を考えるのは大切なことだけど、お金に支配され始めたら不安がつきまとう。きっと、旅がつまらなくなってしまうところだった。

28 ジョホールバルの月

別れは、再会への始まり

友達からお金をもらったのは、初めてだった。

「気をつけて。これ、何かの足しにして。よい旅を！」

空港へ向かうタクシーに乗る直前、手渡されたのはマレーシアンリンギットだった。

ミャンマーへ行く前、私はマレーシアのジョホールバルにある友達の家に、数日泊まらせてもらっていた。中学・高校の同級生で、なんでも言い合えるような仲である。旦那さんの仕事の都合で、彼女は1人で幼い子供3人をジョホールバルで育てている。

久しぶりの再会に、話はとめどなくこぼれでた。昔から穏やかで、聞き上手は変わらない。ただ、変わったと思ったのはたくましさだ。生きる力みたいな強さを感じる。それを素直に伝えると、

「まーねえ。そうでもなきゃ、やってられないもん」

と、あっけらかんと言われた。環境の全く違う場所に身を置けば、否応なしに人は変容して適応できるものだろうか。

「また会おうね！」

数年前、彼女がマレーシアへ旅立つ直前に、東京の山手線のホームでお互いそう言い合った。そして、進行方向が逆の電車に乗って、私たちは別れたのだった。「人それぞれの生きる道は違う」ということを、しみじみと感じたのを覚えている。

ジョホールバルのマンションは高層階にあり、涼しくなる夜にバルコニーへ出ると、風が心地よく吹いてきた。もうすぐ満月を迎えそうな月が浮かんで見えた。

私たちは、月みたいだなと思った。いっときは別れて欠けていくけれど、知らぬ間に満ちて、また会える。三日月でも新月でも、常に月が神秘性や美しさを孕んでいるのは、出会いと別れにあふれた人の一生に似ている。

つかの間の満ちた時間は、ふたたび欠け始めた。

「きっとまた会える。行ってくるね」

タクシーの中で、マレーシアンリンギットを手に握りしめ、そう呟いた。

29 交通事故

リスク感覚は思いのほかずれている

びゅーんびゅーんと走る車。信号もない道をどうやって渡ればいいのか。

私が旅で一番怖いと思ったのは、交通事故だった。

とくにミャンマーではそれが顕著で、ガタガタした車道を車やバスがものすごい勢いで走っている。遠くから対向車が走ってこようが、平気で前の車を追い越そうと車線からはみ出る。その瞬間、見てるこちらは「ひゃあぁ」と声が出てしまう。対向車とギリギリすれすれのところで、ぶつからない。実際にバスに乗っていても、幾度となく、「し、し、死ぬぅぅぅ」と思ったか。

さらに、歩行者は仙人なの？　と思うほど、そんな車道をためらいもせずに、横切っていく。スッ、スススー、という感じで。

「ポイントは、止まらないこと！　とにかく前を見てスタスタ横切るの」

と、ミャンマーで出会った女の子が教えてくれた。

「そうすればね、車が避けてくれるから」

そんなニコニコ言われてもなあ。向こうから猪突猛進の勢いでやってくる車を気にせずに、前を見てスススーだなんて、無理だ、無理！

「じゃあ、一緒に渡ろう」

私はその子にぴったりとくっつき、腕を絡ませ、意を決して渡る。もはや、地面しか見ない。他は、見ない。いや、もう目をつぶっていたっけ。気がつけば、横断できていた。

しかし、ミャンマーを皮切りに、アジアだけでなく世界あちこちの国や街で、このように「交通事故で死ぬかも……」という恐怖を味わうことになった。スピード違反なんて、あってないような所が実にたくさんある。

日本を旅立つ前、もし海外で死ぬなら、殺人か飛行機墜落事故か、テロに巻き込まれることだろうと思っていた。よほど運が悪くなければ大丈夫だろうと、たかをくっていた。

正直、1ミリも交通事故で死ぬだろうなんて考えてもいなかった。

冷静になってみれば、私の考え方には大いなる認知バイアスがかかっていた。昔、心理学の分野で「蓋然性無視《がいぜんせい》」というバイアスについて習った。これは、人のリスク感覚に偏りが生じて、正しいリスクの比較ができなくなることだ。

たとえば、飛行機墜落事故は５０００回に1回ほどの確率で発生すると言われてる一方で、交通事故は84回に1回という統計があるらしい。どちらのほうが圧倒的に事故に遭うリスクが高いか、一目瞭然だろう。もちろん、リスクというのは常につきまとうし、ある意味運命のように突如として危険にさらされるから、その確率だけでは測れない。だけど、交通事故は身近にあるリスクに変わりはない。

「ねえ、交通事故は起きないの？」

道を渡り終えて、ミャンマーの女の子に聞いてみた。

「うーん。たまに起きるよ～」

のほほーんとした空気が流れた。

「……だろうねぇ」

それ以降、旅中でもっとも注意を払うようになったのは、言うまでもなく交通事故に遭わないようにすることだった。

30 赤い湿疹

失うものあれば、得るものもある

旅に、虫刺されはつきものである。しかし、ナンキン虫とは気分が悪い。タイ北部のチェンマイにいるとき、おそらくマッサージ屋さんのベッドでやられた。ナンキン虫といえば、バックパッカーが集うような安宿のベッドによく出ると聞く。不衛生でじめじめとした部屋には出やすいとか。枕をひょいとひっくり返したらナンキン虫がうようよいた、なんて話も聞く。

赤い湿疹のできた顔を鏡に映した。

「あなたはだれ？」と、そっと顔を触るとカサカサして乾燥もしている。日焼けもすごい。あーあ。旅に出て得るものあれば、失うものもあるんだなあ。

翌日、チェンマイからバスでさらに北部のチェンラーイへ移動した。土産物屋や市場をのぞき、それからカフェで久しぶりにロールケーキと美味しいコーヒーを飲んだ。ほっとする。とめどなく流れていく旅の時間には、〝一息つく〟必要性をひしひしと感じる。

その後、賑やかなナイトバザールで、民族衣装を着た女性たちが民芸品を売っていた。なんて素敵なのかしらと眺めていると、「日本人ですか？」と声をかけられた。振り向くと、日本人のおじさんと、ガイドだというタイ人の男の子が立っていた。

「せっかくなのでお茶をしましょう」と、ふたたびカフェに入ってお話をする。久しぶりに日本人と対面でうんと話ができて、ネガティブな気持ちが少しずつ闇夜に消えていってくれた。

他愛ない話ができる嬉しさついでに、あることを相談した。チェンラーイ郊外には、アカ族やラオ族など少数民族の村があるので行ってみたいのだけど、交通手段がややこしく、どう行けばいいのか悩んでいたところだった。

「ああ、じゃあ彼に案内してもらったら。安心だよ」と、その場にいたお気に入りのガイドさんを私にも紹介してくれた。

「はい、あんないしますよ」と上手な日本語で、ガイドさんは引き受けてくれると言う。

自分から相談したことだし、危ない人たちではなさそうだから、ありがたくお願いすることにした。

帰り道、顔の湿疹のことも相談すると、みんなで一緒に薬局に寄ってくれた。おすすめの軟膏があるらしい。ついでに、「強力な腹痛薬をあげる」とおじさんがくれた。タイで病気になったら、タイの薬が一番効くものらしい。

宿の近くで、2人と別れた。なんだか私の話や相談ばかりしてしまった。でも、おかげで元気がでた。

旅って、失うものもあるけれど、こうして得られることもあるんだなあ。

たった1日で真逆のことを考えている自分が、ちょっとおかしかった。

宿でシャワーを浴びて、軟膏を塗ろうと鏡を見ると、そこにはもう迷いのない旅人の顔があった。

31 インド再訪

想像を超えた現実が、精神のコリを取る

牛がいなくなっている！

学生のとき以来、再びインドを訪れた。あれから少し大人になって、もっと冷静にインドを旅できるだろうと思っていた。生と死、死後という概念がマーブル状態で頭の中をめぐるような、不思議な国。そこで、私はまた何を感じられるかワクワクしていた。ところが、最初に私の心に響いたことは、そういう種類のことではなかった。

デリーは相変わらずひどい渋滞だった。けれど、インドの代名詞である野良牛がほとんどいないことに気づいた。インドは宗教を変えてしまったのだろうか。なかなかインドに来た気がしなくてもどかしい。街中で日本人旅行者に出会って、やっと状況を理解した。

「牛は郊外に追いやられたみたい」

言わずもがな、牛はヒンドゥ教の神として大切にされている。牛がのそのそ我が物顔で

闊歩していると、車も人も止まってしまう。もちろん絶対に殺してはならない。

さらに聞くところによれば、政治的な事情だそうだ。インド人でも、牛肉を食べる人たちはいる。そんな人たちに対する過激派の暴動が街で起きないようにと、政府が牛を捕獲して郊外へ逃したらしい。噂話ではあるが、一理ある。

「もし、インドで牛が政党をもっていたら、確実に牛が首相になるね」

そんなジョークを旅人同士でよく言い合った。それほど牛を多く見る。彼らに投票権があったら、間違いなく総選挙で勝ち星をあげていたはずだ。

そして、「ええい、人間を郊外へ追いやってしまえ」なんて、牛の首相は言うかもしれない。いずれ政治が変われば、牛はデリーに戻ってくるのか。人間の事情に応じて、牛も迷惑極まりないだろう。

しかしながら、インドに来て早々、まさか牛について思考を巡らすとはこれっぽっちも考えてなかった。想像を超越した現実が、そこかしこに転がっているのがインドの面白さだ。思い込みや常識を、正面からぶち壊してくれる。しばらく蓄積された精神のコリみたなものが、ゆるゆるとほぐれていくのを感じる。

32 世界最上級

少しだけありのままに生きてみる

インドの有名な霊廟のタージマハル。白亜の大理石でつくられたシンメトリーな構造が美しく、国内外から観光客が押し寄せる。だけど私はアグラの街が好きではない。観光地というだけあって、騙す人も多いからだ。

アグラからラジャスターン州へ向かう列車のチケットを取ったときだ。駅からオートリキシャ（三輪バイク）に乗ると、ドライバーから「その席はよくない。旅行代理店で変更しろ」と言われた。騙すつもりだな。ジロリと彼を睨みつける。「日本語が話せる所だから、安心だ」と、彼も負けない。押しの強さは世界最上級のインド人だ。まあ、日本語ならば怪しかったらすぐわかる。それに、別区間の列車のチケットも買っておけばよかったと思っていたところだ。騙されている前提で行けば危ない目には遭わないはずだと考えて、イチオシの旅行代理店ラジトラベルへ向かった。

ラジさんはたしかに日本語が上手で、少し気難しそうだった。欲しかった列車のチケットを尋ねると、「必ず夜9時までに用意するから、また来てくれ」と言われたので、値段を確認してから一度宿に戻ることにした。

外では、例のドライバーが待っていて、「乗っていけ」としつこい。「悪いけど、小銭がもうない」と拒否すると、なんと彼はずかずかと忙しいラジさんに向かって「両替しろ！」と迫った。きっと日常茶飯事のことなのだろう。「客を連れていく代わりに、しっかりと俺に送らせろ」ということだ。

ここで、たまげた。ラジさんは、ルピー札を取り出すと、手でぐちゃぐちゃと丸めてドライバーへ投げ付けた。さらにたまげたのは、ゴミのような札を拾って、「さ、行くぞ」とケロリとしている。精神の図太さもまた、インド人は世界最上級なのだと思う。

インドで、これは普通だ。旅するにつれ、嫌ほどこういう人たちを目にした。だけど同時に、優しくて、親切で、お世話好きなのもまた世界最上級なのだと知ることになる。つまり、良いも悪いも人間らしさのすべてが突出している。その一滴でも飲み込んで帰りたいと思ったのである。

33 不浄の手

そっちは常識で、こっちは非常識

インドを旅していると気づくが、大抵はトイレットペーパーがない。インド人には必要がない。左手があるからだ。俗にいう不浄の手。食事や人との握手、お金の受け渡しは右手でしか行わない。

とはいえ、インドも観光大国だ。小さな売店に行けば、1ロールずつ売っていたりする。旅人はそれを買って、中の芯をすぽっと抜き、ぺたんこにして持ち歩く。それが首都を離れ、田舎のほうへ行くほど困ったことになる。

インド西端のグジャラート州を旅していたときだ。田舎の町であり、ほとんど観光客と出会わなかった。それには困らなかったが、なによりもトイレットペーパーを売っている店がなく、間もなく無くなろうとしていることに焦った。売店を見つけても、いつもこうだ。

「トイレットペーパーありますか?」「ないよ」

「トイレットペーパーがほしいんです」「ないない」

ああ、ど、どうしたらいいの。もう一軒のぞいて聞いてみた。

「トイレットペーパーありま…」「そんな汚いもの使わないよ」

「え? 汚い?」「そうだよ、紙でケツを拭くなんて汚いって」

この言葉を聞いて、目に映る世界はガラガラと崩れ落ち、その瓦礫に私は埋もれた気がした。突如として、インドの常識を突きつけられたのだ。

じっと左手を見つめる。

「……なるほど」

そうだよね、やってみなくちゃわからない。

こうして、私はインドで左手を不浄の手にした。そうしてみると、意外と清潔であることがわかる。バケツに汲んである水を手桶ですくって、お尻を洗う。正直、講座を受けたわけではないので正解はわからない。だから、「ええい、すっきりと洗えていればOK!」とすることにした結果、毎度足元はびちゃびちゃだった。

何日か経つと、足元が濡れるのは慣れなかったけれど、インド人曰く「ケツに紙をこすりつける」よりも、たしかに、ずいぶんと爽やかになるものだとさえ思った。日本人には馴染みのあるウォシュレット式の水洗トイレで、さっぱりするのと似ているかもしれない。

もう一つの発見は、洗ったお尻は濡れたままズボンを履くが、インドで買ったヨレヨレの綿パンは、濡れていてもすぐに乾くということ。実に理にかなっている。

用を足し、お尻を洗った後は、しっかりと石鹸で手を洗う。自然と、ご飯は右手だけ使うようになったし、握手も右手を差し出す。すっかり、インド式が板につき始めていた。その心地よさは、インドに染まる喜びに近いものがあった。

郷に入って郷に従って、インドの常識に片足を踏み入れて見える世界がある。常識というものには、目に見えない境界線がいくつも引かれている。国よって、町によって、家族によって、個人によって。

こっちは常識で、そっちは非常識。それとも、逆か。

その線のどっちが自分の常識なのか。それは、経験してみて初めてわかることなのだ。

34 モチベーション

好きでも辛いことはあると認めたら楽になる

インドのアグラで、「君は心の中は幸せではない気がする。リラックスしろ。考えすぎるな。心で感じるんだ。焦ってはいけないよ」と、宿のオーナーに言われた。

私は、ただ旅がしたかった。誰かに認められたいとか、それで食べていけるようになりたいだなんて、少しも考えずに旅に出た。だから、悩むこともなく幸せなはずだった。

人が行動をとるときには、動機があるという。心理学では、内部モチベーションと外部モチベーションと習った。簡潔に言うと、「報酬が良い、権力を持てる、人から認められる」云々は外部モチベーション。一方で、「ただ好きだから」は内部モチベーション。

どちらも必要で、バランスがおかしくなると、悩んだり前に進めなくなる。そのとき、私には外部モチベーションが見当たらない。「旅が好きだから」「夢を叶える」という思いだけで行動を起こした。故に、心が「辛い」と思うことを、頭で拒んでいたように思う。

35 フライトキャンセル
不服は訴えた者が勝つ

3ヵ月におよぶアジア放浪の後、次の目的地はフランスだった。泥臭い旅だったから、フランスでは「暮らすような旅をしよう」と思い、事前に語学学校の申し込みをした。それに合わせて押さえていたLCC航空券のフライト日時は、「3月31日25時」だ。マレーシアのクアラルンプールからフランスのパリまで直行便があり、しかもキャンペーン価格で3万円を切っていたのだから、すぐに飛びついた。

23時、クアラルンプール国際空港に着いた。事前にウェブチェックインは済ませたので、荷物だけ預けようとカウンターへ向かう。すると、衝撃の一言が私の胸を刺した。

「ソーリー、マダム。この便、もう飛んでないよ！」

話を聞くと、3月31日をもってパリ行きの便は就航を終了したという。たしかに、フライト時間は「3月31日25時」、つまり「4月1日午前1時」である。

一度は聞き間違いだと思うことにした。

「この便に乗りたいから、荷物を預けたいんですけど……」

「だからね、マダム。ノーフライト。イッツ　フィニッシュド！」

スタッフは、はっきりとフィニッシュの過去形を使った。くらっとした。

「そんなの聞いていません！　どういうことか説明を！」

アジアの3カ月間で鍛え上げられたのは、「不服は訴えたものが勝つ」という精神だ。

単に強引さのレベルが上がっただけかもしれないが、できる限りの文句を言ってみた。

「いやいや、弊社からはお客様には事前にメールをしているはずなんだ！」

「メール？　いつ？　だいたいね、フィニッシュド（過去形）じゃなくて、どうしたらいいのか教えてください！」

「いつ？　ん――と、（ここでだいぶ考える）あ、1月？」

「クエッション系で言わないでくれる？」

「ん――」と言いながら、やっとPCで調べ始めた。

「イエス！　1月だよ！」と、テストが正解したかのように、満面の笑みを向けられた。

このやりとり中、ようやくマネージャーらしきスタッフが現れた。少しは話が進むかと思えば、同じように「フィニッシュド」と言い放つだけだった。

「じゃあ、なんで1時間前にパリ便のWEBチェックインができるわけ？」

事前に手配した、チェックイン済を証明する紙を印籠のごとく見せつけた。私も負けてはいられない。マネージャーはその紙をまじまじと見ると、途端に顔を曇らせた。そして諦めたように首をふりながら、「しかしもう飛んでないんだ」と言った。

「……わかりました。でも、できたら1週間前にもメールしてほしかった」

敗北を悟り冷静に意見を申し上げた。それが功を奏したのか、彼らは憐憫の目を向け、

「2日後のマレーシアエアラインに無料で変更しよう。OKかい？」

霞がかった意識がぱあっと晴れていく。格安LCCからマレーシアエアラインに格上げ。NOと答える理由はない。粘ってよかった。サヨナラ満塁ホームランで逆転勝ちの気分だ。

「じゃあ、これが予約番号」

何かのレシートの裏に、ちゃらっと手書きで予約番号を書いて渡してきた。こ、これで本当に飛べるのだろうか。しかし、もう信じるしかない。

36 肌の色

「自分てものがちゃんとあるかい?」

マレーシアエアラインで、パリ郊外のシャルル・ド・ゴール国際空港へ到着した。

すっかり疲れ切ってしまい、RER近郊線に乗るのも、バスに乗るのも面倒くさくなり、空港の「SORTIE」(出口)と書かれたところから外へ出て、タクシーに乗ることにした。慣れないフランスで、いきなりマダムの家へ辿り着けるか心配でもあった。

フランスの滞在は3ヵ月ほどを予定していた。そのうち2ヵ月ほどは語学学校に通ってもいいなあと思っていたのだ。それに、フランス人の家庭にホームステイしてみたかった。学生のときにしたイギリス短期留学が、とてもよい思い出だったからだ。

ホームステイさせてもらうマダムの家は、パリ市内の19区というエリアにあった。

タクシーのドライバーは、アルジェリア出身だと言った。移民の多いフランスでは、様々な人種の人が暮らしている。

「どこからきたの？」とミラー越しに聞いてきた。

「日本人だよ、ジャポンね！」と素直に答えたのに、

「うそだろう？　肌が黒いよ！　日本人はもっと白いはずだぜ！」と言ってくる。

「昨日までアジアでさんざん旅してたから、肌焼けたのね！　仕方ないのね！」

「ノン　ノン、君はジャポネーズではないよ〜」

まさかの日本人否定？　たしかに日焼けのせいで、アジアで出会う日本人や現地の人からも、「Where are you?」と英語で聞かれることがよくあった。そのたびに、「日本ですよ」「ジャパン！」と答え、嫌でも私は日本人なのだというアイデンティティは強くなっていった。

その後の長いフランス滞在で、私はフランス人の「私」という自我の強さを何度も感じることとなる。誰がなんと言おうが、「私は私よ」という個人の意志がハッキリとしている。

タクシードライバーには、「お前さんには、自分てものがちゃんとあるかい？」と試されていた気がする。フランスという美しい国で、つかの間でも〝暮らす〟のならば、その覚悟はあるのかと聞かれていたのかもしれない。

37 個人主義

環境が変われば、ハートは強くなる

クアラルンプールでフライトキャンセルになった後、パリに住んでいる日本人の友人へメールをした。語学学校とホームステイ先のマダムへ、入国が遅れることを電話してもらいたかった。すぐに、友人から返事がきた。

〈学校はすんなり。でも、マダムが怖いね。フライトキャンセルだって説明したのに、「あなたが来ないから、息子のお誕生日会に出られなかった」って、とっても怒ってたよ〉

パソコンをパタンと閉じた。私の中で、フランスのイメージには、よくも悪くも、個人主義社会というものがある。ホームステイ先のマダムは80歳だと事前に情報をもらっていた。フライトがキャンセルなら、「あらあら、仕方ないわねえ」という考えに及ばず、個人の時間を侵害されたことが「ムキー！」と許せないらしい。

「こわいよ〜う」と友人に返信すると、「とりあえず、私も一緒にマダムの家に行くから」

と、なんとも心強いメールが返ってきた。

そしてタクシーでパリ市内に着き、マダムに電話をしてくれた友人を拾ってから家に向かった。おしゃれな友人は、アンティークの素敵な花柄のワンピースを着ていた。すっかりパリジェンヌのように、輝いている。

タクシーは一軒家の前で止まった。家のベルを鳴らすと、明るい声が飛び出てきた。

「ボンジュール！」

両頬にキスをされる。マダムは小柄だけど、どっぷりとしたふくよかな体だった。ふわりと内巻きのボブに短い前髪のヘアスタイルが似合っている。

二階の部屋を案内され、荷物を置く。その後リビングで、紅茶をいただきながら優雅な午後のひとときが始まった。と、思ったら、マダムと話す友人の一言で凍りついた。

「フライトキャンセルのこと、あの日は息子の誕生日だったのにって、まだ言ってる」

「げ、根にもってる？」

「でも、あなたのことかわいい顔だって言ってる」

「え」

「で、私のことは洋服がかわいいって言ってる」

「えっ」

「それと、あなたの肌黒ねって」

「え？　タクシーでも言われた。2度目だ」

思ったことを口にするのが当たり前。言いたいことは、ハッキリ言う。アジアの旅とは違う意味で、ハートが強くなりそうな気がした。すると突然、マダムが「NON！」と叫んだ。

ポーカーフェイスの友人が、超小さい声になって、

「日本語は使うなって。この家はフランス語以外禁止だってさ……。がんばれ」

がんばれ？

フランスにきて、暮らすような旅の理想と現実は、ことごとくかけ離れていきそうだ。

まあ、想像通りにいかないのが旅の楽しいところではあるのだけれど。

38 あなたは優しい

他人に寛容であるための忍耐と理解

ホームステイ先のマダムは強烈だ。「マダム」と言うと、「マドモワゼル！」（英語で言うとミセスではなくミス）と怒鳴ってくる。「ラ（それ）！」と言われて、首をかしげると、「ラ！ラ！」とボイストレーニング並に声をあげる（いや、叫ぶ）。目が合えば、「テレビを付けなさい！」「帰りにバゲット買ってきなさい！」と何かしら指令が下る。あげく、人を呼ぶときは、「ウッフー！」と猫を呼ぶときと一緒だ。

こりゃあ、厳しいお嬢様学校の寮生活より厳しそうだとうなだれた。自由奔放が当たり前の世界放浪をしている中、もちろん「異国での暮らし」に憧れたのは自分だけど、これほど不自由で気を使う時間を過ごすとは思わなかった。

マダムはものすごくヒステリックな人だったが、癇癪を起こした後は冷静さを取り戻すらしい。自分をなだめるように、「あなたは優しい」と何度も言ってきた。さっきまで怒鳴られていた私は、内心で「はあ！？」と白眼をむいてしまうのだった。

後日、語学学校で出会った台湾の女の子が「実はね、前に私もそこにいたの。マダムと全然合わなくて、ホームステイ先を変えてもらったんだ」と告白し、そんな手があったのか！　と愕然とした。

私も、変えたかった。だけど腹立たしさと同じくらいに、「この人は苦しいのかな」という同情心が膨らんでいった。なにせ、よくマダムの部屋からうめくような不穏な声が聞こえたのだ。（それはそれで、恐怖だったが。）

世界にはいろいろな人がいる。これからも、さまざま人たちと出会っていく。

それを学ぶための旅時間だったと思う。逃げることは簡単だからこそ、マダムから学んだことは大きい。ぐっと我慢して他者を理解しようと意識したとき、本当の意味で優しい人間へ成長できるように感じる。

もちろん、またホームステイするかと言われたら、「絶対に、ＮＯＮ！」と答えるけれど。

39 カナール

自分が元気になれる方法を見つける

フランスのニースから列車で国境を超えて、イタリアのマナローラで降りた。駅から長いトンネルを抜け、街に出る。とっても小さく、可愛い街。多彩な絵の具をパレットに並べたみたいに、カラフルな家々が並んでいる。

海辺へ行くと、泳ぎ疲れたのか、体を寄せ合って寝転がるカップルがたくさんいた。ここは恋人たちの町なのかと、たじろいだほどだ。事実、マナローラには「愛の小道」と呼ばれる、隣の村リオマッジョーレへとつながる海岸上の崖道がある。そこから眺める青い海はとても美しく、恋人たちがたくさんやってくるらしい。

私の居場所はなさそうだとため息をつき、カフェに入ってエスプレッソを頼んだ。本場は、驚くほど美味しい。あ、と思ってメールをする。

フランスにいる友人に、「いま、カナールを飲んだよ」と送った。

〝canard（カナール）〟とはフランス語でカモのことだ。

フランスで知り合った日本人男性が教えてくれたのだ。カフェで一緒にエスプレッソを飲んでいたときに、「これをね、こうして……」と、角砂糖をスプーンに乗せ、そのまま珈琲に沈めた。角砂糖がみるみるくずれると、ふたたびスプーンをあげて、口へ放り込んだ。

「フランスではみんなよくこうやって飲んでたんだよ。今は角砂糖を出す店は減ったけど」

角砂糖をエスプレッソに沈めてから出す行為がカモの動きに似ているため、フランス人はこれを〝カナール〟と呼ぶらしい。いま、私もカナールに挑戦してみた。

「あまい」

苦い苦いエスプレッソが、極上に甘くなった。旅で蓄積したストレスがふわっと取れて、鬱屈とした気分もケロリとなくなった。フランス人の愛するカナールを、エスプレッソの本場で試す自分もいいなと思った。なにより、長い旅で自分が元気になれる方法を見つけるのは、大切なことだった。

次はどの街でカナールを楽しもう。

40 チュニジアの夏の夜

ごく普通の別れが愛おしい

家の扉を開け、外に出る。息がうまく吸えない。

「肺が焼けそうでしょ？」

背後からラハマが言った。外は、摂氏50度を超える暑さだ。一瞬にして、全身から水分が蒸発しそうだった。ラハマが、早く中に戻ろうと私を促した。

私がチュニジアに来たのは7月中旬の真夏だ。２０１０年のチュニジアの旅で出会った姉妹、ラウザとラハマの家にしばらく居候させてもらっていた。ケロアンの旧市街は世界遺産に登録されている。美しい街をできる限り歩き回りたいが、暑すぎる。

彼女たちと生活を始めると、夜型人間へと変わっていった。寝るのは朝の4時か5時で、起きるのは午後1時か2時。暑い時間はとにかく寝るのだ。私は長い旅による時差で、体内時計がそもそも狂っていたので、すんなりと適応できた。

夕方になると動き出し、友達が集まって一緒にドライブをした。ケロアンの街外れまで行くと、車を止めて、みんなが降りる。夜は気温が下がるので気持ちがいい。殺人的な暑さを放出する街中も、オレンジ色の灯に照らされて優しい佇まいに変わる。

「さ、踊ろうぜ！」と、運転をしていた男の子が、アラビックミュージックを最大ボリュームで流し始めた。路上で姉妹が腰をふりふり、「これがベリーダンスよ！」と言って笑わせてくる。笑い声と音楽が、漆黒の空に吸い込まれていった。

最後に姉妹の家を出たのは早朝だった。朝夜逆転生活で、姉妹は眠っていたが声をかける。

「行くね、ありがとうね」

「ん……もう行くの？　気をつけてね」

それが私たちがした最後の会話だった。まるで、「夜には戻ってきて、また遊びに行くでしょ？」と、当たり前に思ってくれているような、ごく普通の「行っていらっしゃい」が嬉しくて切なかった。

41 クスクス料理

国境を超えて連れていけるもの

ラウザとラハマの家では、クスクスをよく食べさせてもらった。チュニジア料理の一つで、1～2ミリ程度の粒状のパスタ（クスクス粉）に、スパイシーな赤いスープをかけて食べる。ある日、私より7歳年下のラウザが、「つくり方を教えてあげる」と言ってくれた。さっそく一緒に市場に行き、青唐辛子、鶏肉、ひよこ豆、タマネギ、トマト缶、クスクスの粉、スパイス、オリーブオイル、ハリッサを買って家に戻った。ハリッサは、チュニジア生まれのペースト状の調味料で、赤唐辛子をベースにさまざまなスパイスが調合されている。日本の醤油のように、一家庭必携の調味料だ。

クスクスをつくるには、マクフールという上下段に分かれている専用鍋がいる。下段でスープをつくり、その蒸気で上段に入れたクスクスを蒸す。上段の底部分は、クスクス粉の粒よりも小さな孔が無数に空いているので、そこから蒸気があがってくる。

1時間ほどで、赤色のスープができあがった。上段鍋で蒸したクスクス粉を大皿に移し、その上からスープをどばどばとかけた。大きなスプーンで豪快に混ぜると、黄色いクスクスの粒は、あっという間に赤色に染まった。

「これであなたもチュニジアンね！」と、ラウザはもぐもぐ食べながらそう言った。

その後、チュニスのアパートで一人暮らしを始めたので、まずマクフールを市場に買いに行った。それから何度もクスクスをつくっては、もっとスパイスを入れようとか、クスクスの粒はより小さいほうが好みだなとか、自分なりの味が仕上がっていった。

実を言うと、ラウザに教えてもらいながらメモした紙には、ほとんどが「適量を入れる」と書いてあり、つくり順以外はあまり役に立たなかった。それが、かえってよかったのかもしれない。

3ヵ月ほど滞在したチュニジアを出るとき、私の片腕にはマクフールがあった。本場仕込みのクスクス料理は、一緒に国境を越えて旅していこうと思った。

42 ありがとう

言葉には重みも必要になる

ラウザとラハマは、朝昼晩のご飯も、毎日シャワーを浴びるのも、当たり前のことをすんなりと提供してくれて、私からお金をとることはなかった。イスラム教には、「喜捨《きしゃ》」という教えがあり、困っている人や貧しい人に手を差し伸べるのは当然のことらしい。ただ、時々申し訳なくて、「ごめんね」と言えば、「そういうときは、ありがとうでしょ」と笑ってくれた。

そして、私がいつも「ありがとう」と言うようになると、「ねえ、なんであなたはいちいち〝ありがとう〟って言うの？　毎回言わなくてもわかるからいいの。家族なんだから」と少し怒って言ってきた。そこで、「ありがとう」にも大小つけることにした。軽々しく何にでも「ありがとう」を言えば重みがなくなる。ここぞというときにしっかりと伝えよう。すると、彼女たちも怒ることはなくなった。

43 イスラム教の祈り

信じるかどうかより、大切なのは人の〝想い〟

ケロアンの姉妹の家を出たあと、今度はラウザのツテで首都チュニスに暮らすアスマの家族にお世話になった。彼女のママはいつも陽気で、私たちがアラビック音楽を聴き始めると、よく一緒になって踊り始めた。

アスマはとても敬虔なイスラム教徒で、ラウザとラハマとは違って、外出時には必ずヒジャーブという布を頭に巻く。そして1日5回のお祈りは、家の中で必ずしていた。

祈りの前に、まず手を洗って、顔を洗う。それから、口をすすぐ。最後に足も洗う。そんなアスマをじっと見ていたら、

「ノゾミもお祈りしてみる?」と誘ってくれた。

私は無宗教だということをアスマの家族は知っている。だから興味本位にすぎないことも理解したうえで、声をかけてくれた。

「やるやる！」と答えて、手を洗う。口をすすいで、顔をジャバジャバ。すると、「鼻の中もよーく洗ってね」と横から言われた。

えっ。鼻の中を洗ったら痛くない？　と思いつつ、横で監視されているので、やらないわけにいかない。鼻の中に水を入れて鼻からフンッと出す。鼻の奥がツーンとしたが、アスマは満足気だ。

「さあ、お祈りはね、こうして……」と、床に1人用のカーペットを敷いてから、立って、土下座するような行為を3回繰り返すよう言われた。これを1日5回か……。

内心、「無宗教でよかった」なんて考えていたのに、アスマはとびきりの笑顔をくれた。

「よかった。これできっと、旅の間も神様に守ってもらえるよ」

アスマは私より1歳だけお姉さんで、しっかりしている。でも、とても心配性だ。私が世界放浪していると言ったときは、「女の子1人で？」と心配を露わにした。私に祈りをすすめたのは、私がアッラーを信じるかどうかではなかった。ひたすらに優しい心がそうしてくれたのだった。

44 言葉の壁

英語よりも大切なコミュニケーションの形

世界放浪するには英語ができないと困るだろうと考えたが、私はカタコト英語のまま出発した。

しかし、旅先では思いのほか、英語を使う機会は少なかった。アジアも都会を抜ければ英語を話せない人は多かったし、フランスでは語学学校に通って英語はできる限り話さないように努めた。その後、長く滞在したチュニジアは、アラビア語とフランス語が使われる。さらに言えば、アラビア語とは国によって方言がものすごくあった。

「アッサラーム・アライコム！（こんにちは）」とアラビア語の標準語で挨拶をすると、チュニジアでは「ラベス！」と返事をされた。チュニジア式の「こんにちは」らしい。

「ラベス」をいつも言うようになると、必ずチュニジア人は笑顔をくれた。

そんなわけで、英語には不安を抱えたまま日本を出たけれど、旅の間にコミュニケーションでものすごく困った記憶はない。実際、何かを伝えようと本気で思えば、ジェスチャーや絵を描くなどすれば、ぎりぎり意思疎通はできるものだ。

それよりも、もっと大切な言語が存在した。

チュニジア然り、イスラム教の共通言語で「インシャアッラー」という言葉がある。それは、〝神が望むなら、神の御心のままに〟という意味で、日常会話の中でよく使われる。私もだんだんとニュアンスがわかり、ときおり「インシャアッラー」と言うと、ものすごく喜ばれた。

こういう言葉は、なかなか事前勉強することは難しい。その地で心を通わせられる魔法の言葉は、来てから見つかることがある。少なからず、各地の方言を理解した「ありがとう」や「こんにちは」は、魔法の言葉になりえるはずだ。現地でいきなり英語をペラペラ使うよりも、きっと大切なコミュニケーションの形になる。

ビジネスで海外へ行くわけでもなければ、言語の壁を乗り越える手段は、決して英語が話せるかどうかではないと思っている。

45 アパート暮らし

広く浅くより、狭く深い経験がもたらす贅沢

チュニスでアパートを借りて一人暮らしをしようと思った。優しいアスマ家に居続けるのも申し訳がない。だったら別の国へ行こうかとも考えたけど、もう少しチュニジアにいたかった。部屋は、アスマがアパート探しを手伝ってくれた。でも、日本企業の駐在員でもないし、部屋を借りるのは難航した。

「あーあ、なかなか見つからないね」

もう一人暮らしは諦めようかと思って、最後にある不動産屋のエージェントに行くと、スタッフの女性が「知り合いの部屋を貸すわよ」と言ってくれた。その値段が1ヵ月10万円ほどするという。アスマも、「ちょっと高すぎるわね」と反応した。

ぼったくりに違いない。そう思ったけれど、後日家を見にいったら、高級住宅地で眺めのいいところだった。さらに、ご近所にはたまたまアスマの働くプライベード病院のドク

ター宅もあって、「何かあったら頼りなさい」と言われてそこに暮らすことを決めた。

引っ越し後、すぐに「ピンポーン」とチャイムが鳴った。ドアを開けると、ご近所さんらしき人が、スイカやクスクスなどを持ってニコニコ立っている。「はい、食べてね」と押し付け、立ち話もそぞろに帰っていった。

数日して、アスマ経由で「病院のドクターがホームパーティするから家に来てと言ってるわ」とメールをもらい、家に遊びに行った。食べきれないほどのご飯と、甘いスイーツが出て、ドクターの家族と楽しいひとときを過ごした。

それから、フランスから友人も遊びに来てくれて、ケロアンのラウザが教えてくれたクスクス料理を振る舞うこともあった。

こんな生活に、なんだか本当に「暮らしているなあ」と思って、心がほんわかとした。これを機に、一つの国をゆっくりと旅することが好きになった。ある旅人には、「せっかくなのに、なぜもっといろいろな国へ行かないの?」と聞かれることもあった。

せっかくだからこそ、一つの国や街に長くいることが、とても贅沢で尊い経験なのだと感じていた。他でもない、自分が納得する形で旅をしていきたかった。

46 平和なニュース

お互いは、想像するよりもずっと違う

2011年3月、日本は東日本大震災に見舞われ、私は旅先のあちこちで、「日本はどう？放射能は？」と聞かれることが多かった。そういう中には、「TSUNAMI！」と叫ぶ人もいて、大地震の恐ろしさ、津波の凄惨さは、遠い異国にも衝撃を与えたのだと知った。

一方、2012年もまだ、アラブ諸国はチュニジアのジャスミン革命を発端とする「アラブの春」と称される戦乱が続いていた。チュニジアにいるとき、日本の友人から「治安は大丈夫？」と心配がられた。現地は、想像以上に穏やかだと伝えると、「ニュースは当てにならないね」と言われた。

そのとき、ふと思い出した会話がある。東日本大震災から1年が経つ頃、旅先からその友人に「日本はどう？　最近のニュースは？」と聞いた。彼女は、「雪が降って、転ばない長靴の歩き方を特集してた」と、のほほんと平和なニュースを教えてくれたのだ。

47 世界三大宗教

集団から飛び出してこそ初めて見える

私は人が宗教に傾倒する姿勢がよく理解できない。なぜ、あんなに祈るのだろうかと不思議でならなかった。だから世界三大宗教の聖地であるイスラエルのエルサレムへ行けば、何か感じるだろうかと思った。

エルサレムでは、嘆きの壁に頭をこすりつけて夢中で祈るユダヤ教徒がたくさんいた。金曜日になると、十字架を背負って街を練り歩くキリスト教徒たちもいた。一方で、イスラム教徒の祈りの時間には1日5回もアザーンが鳴り響いた。

混沌としている。でも共通しているのは、〝信仰心〟の深さであり、エルサレムの聖地感は半端なかった。

私は完全なる部外者である気がした。宗教の持たぬ人がいる場所ではないのかと。

三大宗教はいわば、三つの大きな集団である。世界を国境ではなく〝宗教〟という境界線で引いてみれば、それぞれの神や教祖のもとでその集団は巨大だ。そもそも人は、家族や学校、会社、国家という集団に属しているものだ。そこにおける心理状態は、安心と満足だと思う。宗教もそういうものなのかと感じた。

心理学では内集団バイアスというのがある。仲間贔屓のようなもので、客観性が低くなり、自分の属する集団に対して正しい判断ができなくなることもある。よって、そこから飛び出すのは勇気がいることだ。

ただ一度出てみれば、宗教をはじめとして、世界中にはいくつもの集団があることに気づく。それぞれは異なり、どれもが善悪の比較にならない。結局、そこが自分にとって合うか合わないかが大切なのだろう。それを信じ、救われるというのならば、それでいいのだと思った。

私は旅人になって、〝無所属〟を感じていた。不安や寂しさを寸分感じることはあるけれど、どこにも属さず客観的でいられることは心地よかった。そして、そのとき初めて自分が生きる世界があらわに見えてくる気がした。

48 「書く」という作業

物事は呼吸のように、吸って吐くといい

空は青く、庭先に咲き誇る赤い花が可憐に揺れている。

「うぐぐ……、痛い」

身体を伸ばすのは気持ちがいいけど、息が荒くなる。旅に出て12ヵ月が経ち、私は南インドのポンディシェリーという街で、早朝からヨガをしていた。

ある日、ふらりと入った小径に「ＹＯＧＡ」という看板を見つけて、惹かれるまま中に入った。どうやらプライベード病院で、中庭ではサリーを着た女性たちが薬草のようなものを丸く捏ねていた。喧騒のインドで、ここは安息の地であるように穏やかだ。そこでドクターに会って、朝のヨガ・レッスンをお願いすることができた。

朝7時に始まるヨガは、旅の間知らず知らず身体に溜まった不純物を取り除いていくようで、気持ちがいい。小鳥のさえずりやさわさわと風に揺れる草花にも、心癒された。

その後カフェに行って、朝食をとりながら旅の記録を整理することが日課となった。その方法は、これまでのようなスケッチブックにまとめるのではなくて、パソコンに向かって文章をひたすら書くことだった。

なぜ、こんなに書きたいのだろう?

「ヨガは、宇宙と身体がつながるための準備体操だ」と、ドクターが教えてくれた。腹式呼吸をして、全身の空気を隅々入れ替える。そうすると心身が健やかになるそうだ。

ヨガをして浄化されたような身体で、私は一年の旅を振り返って書いている。自ずと視覚や聴覚は狭窄していって、凪いだ海に立たされているような気分がした。

これまでの経験すべてが、私の内側にある世界を広げてくれた。だけどそれでは鼻から空気を吸い込む一方で、苦しくなる。きっと呼吸と同じようにして、外側に吐き出していく作業が必要だったのかもしれない。

私にできた方法が、おそらく「書く」ということだったのだと思う。

文章にしたら気持ちが楽になり、ようやく長い旅が〝完成〟したように感じた。

49 ご来光

人生は舞台、主役は自分

2013年の年越しをアジアのスリランカで迎えようとしていた。スリランカの後は、インドを経て日本へ一度帰る。だから、世界放浪に一度一区切りをつけるため、その見納めにと聖なる山スリー・パーダでご来光を拝みたいと思った。

仄暗い早朝から山を登り始めた。気温は低く、登っているときはまだしも、登頂して初日の出を待つまでの1時間ほどは、ガタガタと体が震えて、それはそれは長い時間に感じられた。

いよいよ日が昇る時間になったけれど、あいにくの霧雨で、空はずっともや～りとしたものだった。灰色の雲がやや明るくなったから、おそらく日は出ている。

残念ではあったけど、スリランカ人も、世界中から集まった人も、みんなが東の方向を眺めて「何か」を待ちわびる静寂な時間を共有できたことは、尊い経験だった。

自然は、いつも人の心に寄り添ってくれるものではない。私たちが自然に寄り添い、心を静めたり、元気になったり、何かを学んだりする。同じく旅は、世界のありのままの姿に寄り添って、自分の体を動かし、言葉を話し、心で感じていかなくてはならない。思うようにいかなくても、自分で舵をとり続けなくてはならない。

まるで、一切のセリフも共演者も、ストーリーも知らされない舞台のうえで、「ご自由に」と主役を任せられているようだ。次から次へと展開していく舞台は、人生そのもの。思う存分好き勝手演じていけばいい。たとえ想像とは違う方向へと展開しても、起伏に富んだ魅力的な舞台をつくるのには、必要不可欠なものと思えばいい。

「あーあ、じゃあ下山するか」

ふっと我にかえると、周囲がざわめき始めた。

「ハッピーニューイヤー！」

下山する際、目が合った人たちに次々と挨拶を交わして別れていく。私の舞台で出会えた、ほんの一瞬の共演者。彼らには彼らの舞台があって、その主役である人たち。それぞれ、どんな舞台をつくりあげているのか。少し、のぞいてみたくなった。

50　世界放浪

その道の「途中」であり続ける美しさ

「私、いったんこの街を去ったのに、どうしてもまたアレが見たくて、戻ってきました。無駄に40時間くらいバスで往復して」と、少し情けない顔で話してくれる旅人がいた。「私なんて、フランスとチュニジア3回くらい往復したし、1年旅したけど、南半球はぜんぜん行けてないよ〜」と私が答えると、ほっとした顔をされた。

長くて、あっと言う間の1年だった。アジアの国々、フランス、チュニジアなど非常にざっくりとした目的地はあったものの、その中身は、ほとんど流れのままに動いていた。明日は、どっちの街へ行こう？　この街を気に入ったから、もう少し長くいよう。いつ、どこで、誰といるのかさえも、成り行きだった。だからではあるけど、振り返ると行けていない国ばかりで、世界を周るには1年は短すぎた。

はじめは、「世界一周」という言葉に憧れた。でも、それよりも私は「世界放浪」をすることに憧れていると気づいた。そもそも、どこを巡れば世界一周できるのかよくわからなかったこともある。仮に、すべての大陸を制覇することを世界一周というならば、中米や南米大陸までは足が届かなかった。

日本にいたとき、1年もの時間があれば、きっと行きたいところはすべて行けると考えていたのに。私は、時間や物理的な概念を杓子定規に当てはめていたのだと思う。

世界は想像よりずっと広い。たった1日や2日では過ぎ去れないほど、各街は面白い。旅をするにつれ、「とてもとても、世界一周なんて無理だな。終わらない」と思うようになった。そんなことよりも、世界を放浪している〝状態〟を楽しむべきなのだと考えた。たとえ回り道になろうが、歩けば歩くほどたくさんの人に出会える。効率性ばかり重視すれば、結果は早く訪れても、中身は薄っぺらくなってしまう。だから、これでいいのだと自信を持った。

旅に終わりを決めたくない。

私は今もずっと世界を放浪していたいと思っている。死ぬまで、旅の途中でいたい。それが、私なりにたどり着いた旅の美学みたいなものだった。

Chapter.3　成長

旅の贈り物たち

世界放浪後に続く数々の旅で手に入れた
人生を豊かにきらめかせる宝物――

51 旅先の決め方

魅惑の玉手箱をあける楽しさ

約1年にわたる旅から帰国した後、インドで書いた原稿を出版社に持ち込み、大幅な書き換えを条件に本を出せることになった。アルバイトも始め、原稿の構想を練りつつ、新たな旅の準備を考えていた。

そんな折、前職で私が担当編集を務めた著者と再会した。これから猫情報を載せるウェブサイトを立ち上げるので、私に「世界の猫の記事を書いてくれないか」と依頼してくれた。ならば猫がいる国へ行こうと必然的に旅先が絞られた。

別の日、久しぶり友人と会った。

「君が本を出すことになるなんて」と喜んでくれて、それから彼が好きな村上春樹の小説ネタにどんどんと花が咲いた。

「あ、マルタとクレタって姉妹が出てくる本あるよね?」と私が聞くと、

「『ねじまき鳥クロニクル』だね」と即正解を述べた。

こうして次の旅先は、マルタ島とクレタ島になった。つまり、マルタ共和国とギリシャだ。調べると、猫もいるしのどかな場所みたいだから、原稿もゆっくり書けるだろう。

旅先は、こんなにも単純に、気まぐれに決めていることが多い。思えばなんて適当なのだろうと、自分に辟易する。

けれど、きっちり調べあげて旅先や旅程を決めるのは苦手だ。むしろ、どんなところだろう、何があるのだろうと、ムフフンと想像する時間が好き。

そして行った先で、ワクワクしながら魅惑の玉手箱を開けたい。

52 猫

人生とはいくつもの点がつながっている

私の祖父母は「猫ばばあ、猫じじい」だった。家には業務用のカリカリ（猫の餌）が常備され、朝と夕に集まってくる大勢の猫たちにご飯をあげていた。しかし、私が近づくと「フー！」と唸る。決して可愛いとは思えず、私は20代まで猫に触れなかった。

社会人になると、私が所属した編集部は見事に猫好きの集まりだった。そうした影響も大いに受け、猫を写真や動画で見てる分にはとても可愛いと思えるようになった。しかしながら、結局猫に触る機会もなく世界放浪の旅に出てしまった。

その間、とくに猫を意識していたわけではないが、さまざまな街でよく野良猫を見た。やがて写真を撮るようになると、街並みに猫がいる光景は驚くほど魅力的に感じた。そのうち、猫を触れるようになり、心底「か、可愛い！」と思えるようになった。

ギリシャのクレタ島に着いたとき、旧市街の石畳を歩くとすぐに三毛色の仔猫と出会った。嬉々として写真を撮り始めると、あっという間に人だかりができた。おそるべし、猫の引力。

世界放浪中は、歩いたところに猫がいれば写真を撮っていたが、今はどこに猫がいるのかと探して歩くほどだ。そうしているうちに気づいたことがある。

猫を探していると、ガイドブックに載らないような小道や裏路地に行き、そこが思いがけず雰囲気のよいフォトジェニックな場所だったりする。

猫の写真を撮っていると、「あなた猫好きなの？」と声をかけてくれる地元の人や旅人と出会える。幸運にも、「それうちの猫よ」なんて言われて、会話が弾むこともある。

猫を見ていると、なんだか勇気が湧いてくる。孤高で、自由奔放で、仕草が可愛い。「これぞ、私のめざすべきあり方」だなんて、惚けたことを思ったりした。

正直に言えば、自分がこれほど猫にハマるとは想像していなかった。でも、猫と私の交差する「点」は、はるか昔から存在していた。日々、私たちは無意識にこういう「点」をたくさんつくって生きているのだろう。それが、ある日ものすごく意味を持つときがくるのだと知った。亡き祖父母が、今の私を見て、天国で喜んでくれているといいなと思う。

53 エゴン・シーレ

一瞬、一刻、少しでも誰かと笑っていたい

人生で初めて一枚の絵を見て泣いた。ウィーンのオーストリア宮殿美術館に飾られた、エゴン・シーレの描いた『死と乙女』だ。途方もない寂しさを感じるものだった。『死と乙女』は最愛の恋人との別離を描いている。顔色の悪い死神のような男と、その男に抱きつこうとする一人の乙女。男はエゴン・シーレ本人で、乙女は彼に捨てられた恋人ヴァリーだという。

この絵を描いたとき、エゴン・シーレは別の女性と結婚するためヴァリーと別れた。極めて身勝手な理由だと思うのに、どうしようもない苦しさが伝わってくる。

ウィーン世紀末美術を代表する天才画家のエゴン・シーレは、若いときから秀でた画力があった。かの有名なグスタフ・クリムトをも魅了させ、弟子として可愛がられたとかライバル視されたとか言われている。

当たり前に人が学ぶ倫理観や道徳にあてはめ、杓子定規にエゴン・シーレを理解しようとすると、共感できない部分がある。しかし、どうしても、他人事には思えないのだ。

この絵は、人が必ず死や愛の「別離」という現実に直面することを教えてくれているように思う。それは、逃れられないことだと伝えてくる。自分のすぐそばに、滔々と悲しみの気配があることを警鐘してくる。

1918年のパンデミックによるスペイン風邪で、エゴン・シーレは亡くなった。

今、世界は新型コロナウイルスのパンデミックにより、多くの命が奪われている。報道などでは、100年前のスペイン風邪が持ち出されることもある。世界がどれほど進化しようが、過去から未来に続いて、永遠に変わらない真理の一つをあげるとしたら、誰もが誰かとの別離を迎えるということだ。

だからこそ今の一瞬、一刻は、苦しみや寂しさとは関係なく、誰かと笑っていられたらいいなと願う。

54 民族紛争

旅先の最低限の知識を学ぶ

セルビアのバスステーションで「コソボのプリシュティナへ」とチケットを求めると、露骨に嫌な顔をされた。ああ、これが現実なのだなと思った。

コソボは国連で「コソボ共和国」と承認されているが、セルビアは「自分の国だ」と主張している。旧ユーゴスラビア連邦の中心であったセルビアは、連邦からの独立を求めたコソボを認めず、長い間内戦が続いていた。これは単なる独立を阻止するだけでなく、セルビアがセルビア人の国であるのに対して、コソボはアルバニア人が圧倒的に多いため、民族紛争だと言われている。

コソボの首都プリシュティナは、想像よりもずっと穏やかだった。ただ、弾丸の痕跡や建物が崩れたままの瓦礫はあちこちにあり、内戦の傷跡が痛いほど目に入ってきた。建設中の建物が多いのも印象的だった。

小道をふらふらと歩いていると、「ハロー!」と声をかけてくれたり、子供たちが一緒に写真を撮ってくれたり、猫のいる場所を教えてくれたり、コソボ人は総じて優しかった。それでも、「どこから来たの?」と聞かれると、ぴりっと緊張が走った。

実は、旧ユーゴスラビアの国々を巡っているときからずっと、この質問に怯えていた。「日本から来ました!」と言って済めばいいが、たいてい、「セルビアから? アルバニアから?」など聞かれる。それは、「自分たちと同じ民族の国から来たのかどうか」という意味を含む。

嘘をついても仕方がない。だから、「えっと、ずっといろいろな国を巡っているから」と前口上を置いてから、どこからどのように巡って来たかを説明した。セルビアのバスステーションで、素っ気なくチケットを渡してきた窓口の人の顔が浮かんでいたたまれない気持ちになってくる。

「でも、コソボの後は決めていなくて」と言ったときは凄かった。みんなが勢いよく、「アルバニアがいいぞ!」と推してきた。コソボと同じ民族のいる国は安心だということらしい。

もしここで、何の知識もなしに「次は、（セルビア人の多い）マケドニアに行きます」なんて言ったらどうなっていたか。彼らは決して私を傷つけたりはしないだろうが、私はむざむざと彼らの心を傷つけてしまっていたかもしれない。

国が違えば、歴史も文化も宗教も違う。

最低限の知識を学ぶことは、旅する国や人への敬意であることを忘れてはならないと悟った出来事である。

55 高山病

自然はかくも美しく、厳しいもの

アンデス山脈の標高3400メートルに位置するペルーのクスコに着き、トイレに駆け込み、吐いた。頭痛がひどく、全身も気怠い。怯えに怯えていた高山病に、あっけなく陥ってしまった。

宿でスタッフのお兄さんが、「マテ・デ・コカを飲みなよ」と、高山病に効くコカ茶を出してくれた。標高の高い南米の街々で、コカ茶を飲む人たちは多い。コカの葉も噛めと言われたが、「おえええ」と吐き出してしまうほど、苦かった。

「人の体って、脆いなあ」と涙ながらに弱気なことを言うと、「高山病は死ぬ人もいるから、無理はダメ」と同宿の旅人が怖いことを言う。

高山病を治すには、薬を飲むか、それでも効かなければ下山するしかない。

じっと部屋で休むと、翌日にはだいぶ楽になった。この日、クスコより標高の低いマチュピチュへ行こうとしていたので、予定通り向かうことにした。

その後も何度か高山病に陥ったが、そのたびに、マテ茶と地元の薬局で買った薬を飲んで、少しずつ、少しずつ、体を慣らしていった。空気の薄さに合わせてゆっくりと呼吸することも覚えた。

南米から日本へ帰ると、絶賛大不調だったので病院へ行った。あっけなく「再検査」と連絡がきた。理由は、白血球の減少で、「あと少し減ったら無菌室行き〜」と先生に告げられた。冗談のようで、真顔で、笑えない。

再検査の結果で入院にはならなかったが、先生に、「先日まで南米を旅していた」と伝えると、「高地では、白血球は生成されにくいから」と合点がいったようだ。

実は、何度か旅先で病院のお世話になったことがある。ただそれは、食あたりや疲れによる頭痛、扁桃炎など、〝対自然〟におけるものではなく、〝対自分〟が起こす結果だった。

南米をめぐり、心底自然は人の体には寄り添ってはくれないのだと悟った。自然をよく見て、理解して、ゆっくり体を合わせていくしかないのだ。

56　緑の湖

遠慮のいらない所で、合わせる必要はない

ボリビアからチリまで、四輪駆動車でアタカマ高地を1泊2日かけて駆け抜けるツアーに参加した。同乗したのは、日本人の男女5人とロシア人の女の子1人。

アタカマ高地の大自然は、惑星感漂う大地や奇岩群、5000メートル級の山々が連なり、地球そのものを肌で感じるような威容をみせた。ドライバーは所々で車を止め、見学する時間もつくってくれた。その中で、「黒の湖」「赤の湖」「白の湖」「緑の湖」があった。

そのどれもが、「ふむ、たしかにね」と思う色だ。黒は黒っぽいし、赤は赤っぽい。

ただ、白は……、緑は……。「はて？」と思うが、口では「うん、緑っぽい」と言おうとした。するとロシア人の女の子は、「私には青に見えるわ」とはっきり言った。しばし皆の中で沈黙があったが、「だよね、青に見えるよね」と意見が一致した。なにも偽る必要のない場所で、自分の目に映ったままを言えなかったことが、少し情けなかった。

57 遅い夜ご飯

旅先は、旅人に都合よく合わせてはくれない

アルゼンチンのサルタでゲストハウスに泊まった。スタッフがとてもフレンドリーで、「夜、バーベキューするから参加して」と誘ってくれて、お腹を空かせて楽しみにしていた。アルゼンチンの牛肉は、めちゃくちゃ美味しい。赤身が多いのに、絶妙に柔らかくてジューシーだ。天井の抜けた中庭で、バーベキューが始まった。

しかし、待てど暮らせど、「食べてよし」と言われない。よく見ると、炭火のはるか上に鉄網がある。炭の煙で燻して焼いているみたいだ。ようやく食べれたのは夜11時。「そもそも、アルゼンチンは夜ご飯遅いんだよ。だいたい21時過ぎから食べるからね」と悪気もなく言われた。「へえ〜」と旅人たちは流し耳で、肉を貪った。心の中ではきっと皆、「覚えておかなくちゃ」と思っていたはず。

現地に来れば、旅人も現地の習慣に染められる。これがまた、面白くて楽しい。

58 共有キッチン

有益な旅テクニックは、旅人から旅人へ託される

南米を旅しているときもよく自炊をした。

長旅になれば、タッパーに小さな醬油、塩こしょう、ケチャップなどを詰めて持ち歩いている旅人にもよく出会う。パンとハム、チーズを買って、自前の調味料を取り出して、お手製のサンドウィッチにして食べる人もいれば、白米を炊いて、醬油を垂らして食べる人もいる。

私も旅の途中、スーパーでタッパーを手にいれて、いくつか調味料を買い、さらにはオリーブオイルの小瓶まで買って、バックパックに詰め込んだ。

海外では、日本料理はなかなかつくれない。材料がないからだ。しかし、どの国でも問題なくつくれるのがパスタだった。もちろん、自炊するのはゲストハウスの共有キッチンだ。

時には、「これ食べます?」とキッチンにいる旅人とお裾分けしあうこともあって、それもまた楽しみの一つだった。

「最近ね、ハマっているパスタがあるよ」と、旅先でレシピを教えてもらうこともある。同じ旅人という境遇で、手に入れやすい材料でつくれることは間違いない。「パスタにクリーム状にしたアボガドを混ぜて、レモンとお塩をかけるだけ」と、つくり方も超シンプルなものが多いからありがたい。

自炊して旅すれば安くも済むし、旅人同士の出会いのきっかけになる。いろいろな旅情報も交換できるから、有益な時間になったりする。

そもそも旅のテクニックは、私は日本で勉強はしてこなかった。すべては、現地で出会う旅人たちが教えてくれたもので、また誰かに私が話したりするのだ。今はインターネットを使って思う存分旅テクニックを知ることもできるだろうが、やっぱり現地で顔を合わせながら交換する情報に勝るものはないなあと思っている。

59　ＣＡ殿との喧嘩

許せないことに泣いてしまっても

南米から日本へ帰国する機内で、大人気なくＣＡと喧嘩した。ことの発端はペルーでのトランジットが遅延、挙句フライトキャンセルになった。次のトランジット先であるアメリカのダラス空港では、魂が抜けそうなほど疲れ切っていた。

機内へ搭乗し、座席に着く。ふと前方を見ると、女性が荷物を上に入れるのに苦戦していた。彼女が近くにいた男性に助けを求めると、そのでっぷりとしたお腹をしたＣＡ殿は、手助けしながらこう言った。

「ははっ。君には筋肉がないのかい？」

これがアメリカンジョークだろうか？　日本のＣＡさんだったらありえない発言だ。なんか、感じ悪いなあと思った。そのやりとりを最後に、座席に置いてあったイヤホンをつけ、モニターを眺めながらうつらうつらとしていた。

通路側に気配を感じて、見上げると、さきほどのCA殿がいきなり叫んできた。

「3回も声かけているんだぞ！　無視するとはどういうことだ！」

「ワッツ？」と聞き返す。

「3回も無視するな。失礼だ！　飲み物はいらないんだな」

そう言って、後ろの席へ飲み物を配り始めた。どうやら声をかけられたが、イヤホンをつけたまま眠りかけていたので、全く彼の気配に気づかず3回も無視してしまったらしい。だからと言って、肩を叩いてくれてもよかったのに。

それで飲み物与えませんって、おかしくないか？

怒りがわなわなとこみ上げてきた。落ち着け、落ち着け……と荒ぶる感情を抑える。が、ダメだった。

静かに席を立ち、別のCAさんに飲み物をもらいに行こうとした。すると、すかさずCA殿が割り込んできて、「NO！」と言った。長い旅の中で、これほどに「理不尽だ」と腹立たしく思ったことはない。

「飲み物をもらいにきただけ。あなたのことは気づかなかったと言っているでしょう？」

するとCA殿は、空席に置いてあったイヤホンを引っ張り出し、わざわざそれを耳につける仕草をして、激昂した。顔が、赤い。肩が上下にものすごく揺れている。

「まずはこのイヤホンを取れ！」

「あなたがいることに気づかなかったんだから、取れるわけない」

「嘘だ、それはない、絶対に嘘だ！」

繰り返すが、長い旅の中で、人から面と向かって嘘つき呼ばわりされたことはない。

もう引き返そうかと思った。周りの乗客も、まばらだとはいえ、ちらほらこちらを眺めている。それでも、私の心は「絶対に譲るな」と言っている。

「嘘？　なぜ人の話を聞かないの？」

他のCAさんが助けに入るかと思ったが、見て見ぬふりだ。CA殿は、相変わらず肩を上下させて、ふるふるとしている。なんだか、哀れに思えてきた。

「本当に気づかなかった。そのことは嘘じゃない」ともう一度言ってから、「でも、謝る」と伝えた。過去最大級の屈辱的な「あいあむそーりー」。口から胃が出そうだ。

それにはたと冷静になったのか、CA殿は目を開き、5秒くらい沈黙してから、「何が飲みたい？」と聞いてきた。

オレンジジュースをもらって、席に着く。悔しくて、眠くて、涙がでてきたのでサングラスをかけた。しばらくすると、ＣＡ殿が食事の配膳に来た。こちらは戦闘体制である。しかし、向こうは気まずそうに口を開けた。

「チキントカレー、ドチラガイイデスカァ？」と超絶下手（悪意アリ）な日本語で聞いてきた。

帰国後も、この〝怒れる土産話〟を私の友人たちは散々聞かされることになる。初めは怒りながら話していたのに、いつの間にか笑いながら話せるネタになったことに途中で気づいた。

相手を突き放すことは簡単にできる。だけどその人と永遠にわかり合えなくなる。難しいのは、どこで折り合いをつけるか。

人と人の関係は寛容でありたいと思うが、それはやみくもに何でも許すことではない。少しでも相手と対峙する姿勢を持つ忍耐や勇気がいることだ。あのとき、謝れてよかったと思う。悔しいけれど、今は笑い話にできるから。

60 落ち葉

足元でキラリと輝くものに、価値や意味がある

イタリアのアマルフィからバスで20分ほど高台にのぼると、ラヴェッロという天空の町がある。カラフルで情緒的なアマルフィの街や海を一望できるし、猫もいる。誰もが美しい街並みだと感じるだろう。しかし旅も長ければ感動する沸点も高くなり、悲しいかなちょっとやそっとでは感動しなくなってくる。

そんなときに、ラヴェッロの道脇で、誰かが掃いた枯葉がこんもり溜まっているのを見た。ピンクと黄と赤と茶緑……。足元に散り積もった枯葉の美しさに、さわさわと心が騒ぎ出す。ああ、この感覚がとても好きだなあと思った。わかりやすい美しさばかりに目を囚われてはもったいない。世界には、とるに足らないような美しさや感動がまだまだあふれている。今もキラリと光って、「ねえねえ、見つけてよ」と旅人の視線を待っている。

一つでも多くの「キラリ」を見つける名人になりたい。

61 ロマンチック街道

無常の世に漂う、過去のカケラ

空から羽のような雪が舞い降りている。4月下旬、私は南ドイツのロマンチック街道の最終地とも言われるフュッセンにいた。

フュッセンはバイエルン地方でもっとも標高が高いところにある町だ。小さな旧市街は中世の面影を残し、15世紀のホーエス城とベネディクト修道院がシンボリックな存在として静かに佇んでいた。そして、ロマンチック街道随一の観光地へと向かった。

はらはらと雪の舞う中、森の中にどっしりと腰を据えるようにノイシュヴァンシュタイン城はあった。9世紀、ルートヴィッヒ二世がフランスのヴェルサイユ宮殿などを目にして、中世への強い憧憬を具現化しようとした傑作だ。

城の尖塔は天へと高く聳え、城色は白くピュアな印象を受けた。城内は超メルヘンチックで、壁画や装飾が見事なまでに乙女チックだ。描かれている壁画は中世の頃の伝説や想像であり、彼のロマンチズムは戻ることのできない過去への強いセンチメンタリズムであると思った。

城内のところどころでモチーフにされている白鳥は、意味するところは〝ピュア〟の象徴らしい。この城自体も、真横からみると白鳥に見えるようにつくられている。

ルートヴィッヒ二世は、ほとんどの人が大人になるにつれ知らず失っていくような、子供の頃に夢見たピュアでロマンチックな世界をいつまでも追い求めていたのだろう。

40歳という若さで幽閉されて最期は変死するが、晩年はずっとここで孤独に過ごしたという。人はいつか亡くなるけれど、未来に残される過去のカケラというものがあるように思う。無常の世を漂う、つくり手の魂みたいなものだ。それを感じたとき、ただ感動するだけではなく、もっと深い感情があふれてくる。ルートヴィッヒ二世も、過去のカケラを拾い集め、傑作を創ったのかもしれない。

外の雪は一向に止む気配がない。真っ白な雪景色に映える城だけど、きっと春の優しい青い空にも映えるだろうな想像した。

62 ドイツ人との会話

心があるべき場所が、自分の居場所

ドイツで、観光の仕事をしているドイツ人を紹介されて一緒に夕食をした。彼は私の拙い英語を一生懸命聞いてくれた。そして唐突に、「我々はいつも日本がお手本だ」と言った。もちろんリップサービスであることはわかったけれど、できる限り自分の目で見える日本について話した。自然災害、子供の貧困、原発問題、アメリカとの関係、転勤事情など。彼の想像を裏切るような話もあり、申し訳なかった。

そんな気持ちが伝わったのか、彼は私をまっすぐに見つめて、「Your home is where your heart is」と彼は言った。「心のあるべき場所というのが、自分の居場所だ」ということだ。さまざまな国を旅して、日本にはない魅力を感じてそこに住みたいと思うことはたくさんあった。だけど、私はいつも日本のことが気になった。恋しくなった。日本の悪しき部分も含めて、私は心のあるべき場所を知っているのだと、妙にホッとした。

63　プエルト・リコ

一文は一見にしかず

中米のプエルト・リコは、15世紀頃からスペインの植民地だったが、1989年に勃発した米西戦争でアメリカ領となった。地元の人は英語とスペイン語を話すが、国名や首都サンファンをはじめとする街や通りの名前には、スペイン語が多く残る。なにより街並みはスペイン時代に築かれたコロニアル調の建物がベースとなり、とても情緒的だ。カラフルな外観で、首都の中心部は街並みも綺麗に修復されている。

そしてプエルト・リコ人は、スペイン植民地時代に奴隷として連れてこられたアフリカ人とスペイン人、アメリカ人、そして先住民の混血だと言われている。街を歩いているだけで、その国が辿った歴史を肌で感じることは多い。そこに存在するすべてに、理由や原因があるものだ。一文は一見にしかず。歴史の教科書を読むよりも、私は旅をして学んだことのほうがはるかに多いと思っている。

64 やさしさは連鎖する

ドミニカのおばさん

ドミニカ共和国の首都サントドミンゴはあまり治安がいいとは言えない。ただ、宿をとった旧市街地区ソーナ・コロニアルは、コロニアル調の街並みが美しく、観光客の往来もあって比較的安全だった。

その日、宿で朝食をとってから、バスでプライヤボニータという美しいビーチへ向かった。ミントブルーの海を前に、貝殻を拾ったり読書をしたりしてのんびりと過ごした。1時間くらいすると急にスコールが来たので、晴れ間を狙って戻ることにした。

帰りのバスを降りて、ソーナ・コロニアルまで歩いて戻ろうとした。でも、当然帰り道がわからない。たまたま近くに、人の良さそうなおばさんがいたので声をかけると、「あっちの方向だよ」と教えてくれた。

そこで携帯を出して、オフラインで使える地図アプリを開こうとすると、そのおばさんはパッと携帯を取り上げた。盗まれたか？　と焦った瞬間、神業のように携帯を私のTシャツの首元から胸の方へ突っ込んできた。

「外では携帯は見ないのよ。危ないから、こうしなさい！」

胸のあたりに携帯を入れるのも気持ち悪いので、すぐにリュックにしまった。てくてくと歩き始めると、急に別のおばさんが声をかけてきた。

「ちょっと！　あなた、こっち！」

びくっとして振り返る。知らずと、貧民街に入りそうだったらしい。とても治安の悪いところだ。そのおばさんは、私を連れて一緒にローカルバスに乗り込むと、「サンチェス通りで彼女を降ろして」と運転手に伝えてくれた。そして、ソーナ・コロニアルにある宿へと無事戻れたのだ。

宿で一息つくと、新入りさんがいた。ティコーという仔猫だ。宿泊していた旅行者が、犬に襲われていたところを助けてここに連れてきたらしい。ひとなつこくて、可愛い。

「今日はね、私もあなたと同じように助けてもらったよ」と猫の額を撫でた。

なーん、なーんと、「よかったねえ」とでも思ってくれたのか、返事をしてくれた。

65 スリ

慣れたときこそ初心にかえる

メキシコシティで、泊まっていたゲストハウスのスタッフが「10年以上前に比べるとだいぶ治安は良くなった」と話した。そう聞いて、余計に安心してしまった。

さっそく街を散策しようと準備をしていると、ゲストハウスで知り合った日本人旅行者の男性が、今回が初の海外旅行だというので街まで一緒に行くことにした。ちょうどクリスマスシーズンということもあり、メトロに乗ると、まるで東京の満員電車かと思うほど、乗客でぎゅうぎゅうだった。旅先で満員電車に遭遇するとは、面食らう。一つ違うのは、とっさに荷物を前に持ち、スリに気をつけることだ。

10分ほどしてソーナ駅に着くと、どばっと乗客が降りた。私たちも流れに乗って下車すると、横にいた日本人旅行者の男性が、「くそ、やられた！」と叫んだ。

「あいつだ、あいつに財布を取られた！」と言い、私も「どいつだ？」と注意を向ける。

周囲も、彼の大声に驚いて振り向いた。すると、群衆の中から何かがぽーんと空を飛んだ。さ、財布だ。

ぽとりとホームに落ちる財布を、飛びつく勢いで拾おうとしたときだ。メキシコ人のおばちゃんが、「バフン！」と片足で財布を踏みつけた。

「これ、誰の!?」と叫ぶ。

「そ、それ僕のです」と彼は泣き顔で答える。

「自分で取って。気をつけなさい。ポケットに財布はいれないのよ」と注意して、おばちゃんは人混みに消えていった。

財布を手で拾わないのは、スリだと間違われるからだ。助けたところで、自分が疑われては意味がない。財布を足で踏みつけても、正当な親切なのである。

3週間のメキシコ横断を前に、ハッとさせられた出来事だった。初の海外旅行だという旅人と一緒に行動してよかった。慣れたときこそ、初心にかえって気づくことは多い。

66 アリさんのラグ

旅の土産は、思い出のタイムカプセル

モロッコの北部にあるシャウエンという青い家並みが広がる街で、ベルベル民族のアリさんと知り合った。彼は絨毯やラグ、アクセサリーなどを売る雑貨屋さんの経営者だ。アリさんの店に顔を出すと、モコカン式のミントティーを出してくれた。そして、よかったら店の土産物を好きに見ていいと言う。

そのうち、ベルベル民族のことを知りたくなって、いくつか質問をした。

砂漠を放浪する遊牧民でラクダとともに生きている。青は民族カラーだそうだ。「この街は青いから好きでしょう?」と聞くと、「もちろんだ」と首を縦に振る。シャウエンには、10年近く住んでいるらしい。そして、旅行者を募ってはサハラ砂漠ツアーを決行している。やはり砂漠の上がホームであり、この土産物屋は仮小屋みたいな感覚なのだそう。

「僕たちはノマドだからね」と言う。

ノマドは移動する民、放浪者のことだ。一つの場所に留まらず、ある場所からある場所へと移り住む。自由に、シンプルにそう生きている。

「ベルベルのデザインにはね、意味があるんだよ」と、ラグを見ながら説明が始まった。カラフルなマルチカラーは世界を表し、幾何学的な模様は城塞に囲まれた街カスバや砂漠のデューン、アトラス山脈など自然や文化的なものをモチーフにしているらしい。

いくつかのラグを広げて見ていたら、ある1枚に一目惚れしてしまった。

「ああ、それは僕の先祖がつくった古いものだよ」。アリさんの家族がつくった、自然をモチーフにしたという1枚。インディゴと紫が混ざったような、この街の色をしている。

ベルベル民族で遊牧生活をする者たちは、年々減っている。だから何世代も前から残るラグは、とても価値があるように思えた。人の生活様式や文化は、時代とともに変容する。でも形に残ったモノたちは、タイムカプセルのように当時の空気を纏っている。

旅の思い出も、いつか記憶の底に沈んでいくだろう。いつかの未来に、ふたたびアリさんとの出会いが鮮明に蘇ればと、シャウエンカラーのラグを買って帰ろうと心に決めた。

67「それが人生」

時計は見なくても、腹が減ったらご飯の時間

シャウエンのアリさんに、夜ご飯に招待された。お店で郷土料理のタジンをご馳走したいらしい。他にも旅行者に声をかけたと言うので、せっかくだしお邪魔することにした。

夜8時に顔を出すと、「後1時間ほどでできる」と言う。時間にルーズなのには、もう慣れた。その間、テラスにいるカナダのケベックから来た旅行者の3人組を紹介され、拙い英語で会話をする。彼らは、モロッコを1ヵ月旅しているらしい。

確実に1時間以上経ったであろう頃、「完成だ！」と言って大きなタジン鍋と丸くて大きなパンを一つ持って、アリさんがテラスに現れた。「ブラボー！」と皆が叫ぶ。

「あー、お腹すいた！」と、誰かが腕時計を見ようとすると、「時間なんて見るな！」と腕時計を指差して、アリさんがピシャリと言った。

「空を見たら、星が瞬き始めたら、夜というものがわかる。お腹が空いたら、俺たちは食

べるんだ。時間に束縛されて生きるな。自然とともにあるべきだ。それが人生だ！」

「C' est la vie（セラビ）」と三人組が言った。フランス語で、「それが人生」という意味である。

ベルベル民族の音楽を聴きながら、蠟燭の灯火を頼りに、ちぎって分けたパンをタジンにつけて食べる。少し冷たい風が吹き、心地よい。空の星が、いっそう輝いてみえた。野菜たっぷりのチキンを煮込んだタジンは、砂漠の上で食べているような野生的な味がした。

深夜になっていた。ケベックの旅人たちと途中まで一緒に帰り、無事に宿まで戻った。仄暗い中でも、そこかしこに猫の気配がしたから、静かな夜の街は怖くはなかった。

翌朝、日が昇る前に目覚めたので、宿のテラスから街を眺めた。

青と白の混じり合う家々が、少しずつ色味を変えていく。街に太陽の光がさし、ゆっくり輝き始めている。やがて、街中から人のざわめきが聴こえてきた。

街が起きた。そんなふうに思った。

太陽を見ていたら朝がわかる。だんだんとお腹が空いてくる。

「C' est la vie」と呟いてみた。

68 街並み

年をとるほどに、世界はいっそう美しく感じられる

モロッコからジブラルタル海峡を渡り、ヨーロッパ大陸のポルトガルへ移動した。海を渡り、国境を越えるだけで、かくも文化や街並みは変わっていくものだ。ポルトガルは南部のファロから、小さい村をはじめ、大都会のリスボン、そしてポルトを巡った。

ヨーロッパの中で、ポルトガルは物価が安く、旅人にとってはありがたい。そこからも感じるが、美しい街並みはよく見れば随所に朽ち、古びている。そんな建物は、いつか手をいれてもらえる日を待ち望みながら、ありのままを受け入れているようだった。

建物も、街も、年をとっていく。

栄枯盛衰、という言葉が浮かぶ。

15世紀、新航路や新大陸発見をめざし、エンリケ航海王子やヴァスコ・ダ・ガマなどポルトガルが先駆けて大航海時代を切り拓いていった。インドや東南アジアなど世界各地か

ら調達した香辛料は、海上貿易を拡大発展させ、莫大なお金を国に生み出した。

街を歩けば、国の代名詞でもあるアズレージョ（装飾タイル）を貼り付けた建物がずらりと連なり、デコラティブで過度な装飾が目を引くマヌエル様式の教会など建築物が、当時の栄華を思わせる。

ポルトガルの大航海時代がなければ、世界はまた違った形になっていたかもしれない。それくらい、有史以来の大きな出来事だったと感じる。

だけど、長い時間のなかで、変わらないものはない。ずっと栄華を誇る状態もまた、ないということだ。それでも、穏やかなポルトガルの街は美しいなあと思う。味わい深く、心にくるものがある。まるで、陽だまりの中で、おばあちゃんとお話ししているような気分になる。

老いていくことで、美しさを失うどころか、人を惹きつける街。

おそらく、こうした街に心ふるわせるほど、私も少しずつ年をとっているのだろう。それも、悪くないなあと思えた。

69 旅先の洗濯

旅の小噺一つで、心は通わせられる

旅で厄介なのは、洗濯だ。

行く場所や泊まる宿、滞在日数によるけれど、数週間や数ヵ月にわたる旅では洗濯は必須となる。現地のランドリーサービスもあるが、インドで一度、白いTシャツと赤いスカートを出したら、白いTシャツがほんのり赤く染まって戻ってきた。それを機に、私は手洗いに徹している。

あるとき、洗濯経験のある旅人友達と、どうやって手洗いをしているかについて雑談した。

「僕は、シャワーを浴びながらシャンプーを使って洗ってる」

「へえ、私はバスタブに水を張って、洗濯物を足踏みして洗ってますよ〜。で、希さんは？」

「私はね、洗面に栓をして水を張って洗ってるかな」

「でもゲストハウスって、栓がないところもあるよね？」

「そういうときは、靴下かパンツを突っ込んで栓代わりにしてるから大丈夫！」

旅のスタイルは、旅人によって違うのが面白い。ただ、洗濯グッズは共通して「洗濯ロープが便利で持ち歩く」と一致した。

ゲストハウスでは、洗濯をした後に干すところがない場合も多い。そのとき、バックパックから洗濯ロープを取り出して、部屋をキョロキョロ見回す。そして、「ここだ！」と目を光らせて、柱やカーテンレールのところにロープの端を巻きつけて、ピンと張る。そこに、Tシャツや下着、タオルなど洗濯物をかけていく。

ロープを巻きつけるのも、初めはなかなか上手くいかなくて、すぐにしなったりロープの端がずり落ちたりする。これを幾度となく続けているうちに、「洗濯ロープ巻きつけ職人」にでもなれそうな気がしてくる。

ほかにも、洗剤を日本から小分けにして持っていく人、洗濯バサミを持っていく人とさまざま。いつも思うけれど、旅人と出会ったとき、「何カ国まわったか」「どこへ行ったか」ということよりも、こうした「洗濯の仕方」なる小噺一つのほうが、旅好きな〝同志〟であることを認め、心を通わせられるものだ。

70 夜空

旅人の故郷は場所には限らない

東京は夜も明るい。摩天楼から煌々とネオンが光り、少しグレーがかった夜空だ。

トルコのカッパドキアにいたとき、出会った旅人が、「私の故郷も、夜はここみたいに真っ暗になるんです」と言って、目を細めた。たしかに旅先で、夜には本当に「闇」が訪れるのだと感じた。ただそれが、故郷に思いを馳せる理由になるとは知らなかった。

私は東京育ちだが、物心つく頃までは地方を3回引っ越したし、東京に暮らし始めてからも7回引っ越した。「おや、大きくなったわねえ」なんて言ってくれる地元の人はいない。ちなみに私の父は三重県出身なので、晩年はよく「帰りたい」と言っていた。

故郷とはどれほど恋しいものなのか。想像しかできないのが少し切ない。私があえて故郷を思うとき、特定の場所が思い浮かばない。でも帰国したときに、残念ながら恋しかったとは思わないが、少し明るい夜空を見て「帰ってきた」と実感したのは事実だ。

71 少年の写真

主観と客観を使い分けて心を楽にする

写真を見返すと、旅の香りに包まれた自分自身に再会する。撮った先々での、誰かの顔や風景、猫、落ち葉など、「ああ、私はこんな眼差しを向けたのね」と、ほっこりしたり、切なくなったり、心がそわそわとしてくる。

前に、インドで撮った少年の写真を見て、胸がざわめいた。顔にピエロのような化粧をして、列車に乗ってきた少年。そのときは、「わあ。面白い、写真撮らせて！」と楽しむ自分がいた。でも数年後に見ると、その少年はなんだか悲しそうな顔をしているのだ。身なりも貧しい。その瞬間に、彼を取り巻く環境や生い立ちに想像が膨らんだ。

長らく写真を撮り続けて思うのは、気になるものを撮る主観的な感覚と、写真を振り返る客観的な感覚は、人生に必要不可欠だということ。うまくこの感覚を使い分けると、自分の気持ちや思い込みにも気づきやすくて、心が楽になることが多いのだ。

72 島旅

心を燃やせる理由を見つける

日本の島々を旅することにハマった。

きっかけは、ひょんなことから香川県の瀬戸内海に浮かぶ讃岐広島で、島の人たちと一緒に古民家再生をしてゲストハウスをつくったことだ。2年ほどかけ何十回と渡島するうちに、島の暮らしや自然、人と人の柔らかい繋がりに心惹かれていった。

日本は6852の島々が織りなす国で、世界屈指の豊かな自然に恵まれている。流氷が到来する北海道をはじめ、亜熱帯性植物が群生する沖縄県まで、南北約3000キロにおよぶ。よって風土が違えば、暮らしや文化、言語まで異なる。

「島はまるで小国。それぞれが違って面白い！」と感じ、こんな身近に世界の国々と同じほどに魅惑的な旅先があったのかと心が震えた。

有名な旅行ガイドブック本を制作する「地球の歩き方」の編集長に、「最近は島ばかり行っている」と話したことがあった。すると、「世界放浪をした人って、なぜか日本の島にハマる」と首を縦に振った。そこには、共通する魅力があるのだろう。

後に、この編集長は地球の歩き方の『Japan島旅』シリーズを立ち上げて、記念すべき一発目は、まだまだ観光地ではない島も含めて「奄美大島編」「与論島・沖永良部島・徳之島編」「五島列島編」を同時に出した。実に地球の歩き方らしい島旅シリーズだと思った。

日本の有人離島の数は416。世界の国数よりもはるかに多い。世界放浪の比ではない歳月をかけなければ、到底すべての島には足を運べないだろう。それでも、簡単に手の届かない全島上陸をいつか叶えたい。そうなれば、どれほどの人や、知らない日本の文化や暮らしと出会えるだろう。

ハッキリとそう思ったとき、世界放浪を夢見た大学生の頃のようなワクワク感が、ふたたび心に燃え上がるのを感じた。

心を燃やせるもの。

それを見つけることの尊さを、少し忘れていた。

73 何もない島

外の人ほど気づける〝良さ〟もある

「どうして、この美しい島に日本人は来ないの？」とフランス人のキャロルが言った。目の前には、ブラッドオレンジに似た太陽が瀬戸内海にぽとりと落ちていきそうだ。

「この島は何もないと思われているから」と、私は答えた。

キャロルとは瀬戸内海の真鍋島で出逢い、讃岐広島にも一緒に来たいとついてきた。

「何もない？　そんなはずないわ。私はここが好き」と、私のほうを振り向いた。

世界を旅して私が訪れた国は、日本では感じることのない心の充実と感動、〝生〟に対する躍動があった。物質的に足らなくとも、人は他者と寄り添って助け合い、分かち合い、また大自然の前には畏れをなし、そこからもたらされる恵みに感謝を忘れない。

帰国して東京に戻ると、少し居心地が悪かった。「ありすぎる」生活に、何かが足らない。それを探すかのように、心赴くまま瀬戸内海の島々を巡る旅に出た。その間に、香川県の讃岐広島で奇跡的な出逢いをした。

「この島には何もない。宿も食事処も。過疎化、高齢化が進んで、無人島になってしまう」

そう、島の人が深刻な悩みを打ち明けてくれた翌月、私は讃岐広島を再訪して、「空き家を再生して宿にしませんか」と提案した。宿があれば人も来る。それから一緒に2年がかりで「ゲストハウスひるねこ」をオープンさせた。

その過程で、島の人同士が真剣にぶつかり合い、助け合い、海や山の恵みを惜しみなく享受して生きている姿をみて、幾度となく心が幸福感に満たされた。

キャロルが言うように、島には私が世界で出会ったような心揺さぶられる豊かさがある。だけど、気づこうとしなければ気づけない類の豊かさかもしれない。時として、キャロルのような「外国人フィルター」のほうが、そうした気づきに敏感に反応するのかもしれない。私が世界を旅するときもそうだった。私が外の人間であるからこそ、そこの暮らしや文化、家並みの美しさや個性に心奪われることがあった。

「ありがとう」とキャロルに言うと、ニコッと微笑みが返ってきた。

74 アカショウビン

私たちがいい関係をつくる適度な距離感

奄美群島の喜界島で、島の民家に泊まらせてもらった。珊瑚の石垣に囲まれた南国様式の平屋で、庭にはトロピカルな木々が植わり、虫や鳥が鳴いている。寝るとき、網戸にして夜風を感じながら、心地よく眠りについた。

翌朝、久しぶりにアラームが鳴る前に目覚めてしまった。あまりにも美しい音色で。

キョロロロロロロ。キョロロロロロ。

赤い鳥のアカショウビンが耳元で歌っているのかと勘違いするほど、すぐそばで。機械音とは違う、甘く、優しい音。こんな目覚めは、幸せでしかない。

民族学者の宮本常一氏が、明治10年にアメリカから日本へ来た動物学者イー・エス・モールスの日記に書かれた、「すでにアメリカでは野鳥は人に近づいてこないが、日本ではカラスが洗濯をする人のそばに寄り、人もそれを追い払ったりはしない。」ということに触れて、「人が人以外の生物によせる心の深さは過去にさかのぼればさかのぼるほど強かったようである。それだけわれわれが未開の状態にあった。」と本に記している。

カラスが神社や寺にいる鳩と同じように、人と親しかった時代があったという。

たまたまではあるが、アカショウビンが網戸越しのすぐそばで歌う距離感に、宮本常一氏の一説を思い出した。考えてみれば、日本にはいまだ手付かずの自然もあれば、自然やその土地の生物たちにぴったりと寄り添って暮らす人たちもいる。でも、そんな場所はもはや珍しいのだろうと思う。

「人と人以外の生物」の関係が乖離した現代には、一抹の寂しさを覚える。都会では、すでに人と人の距離感でさえ、他人を通り越して無関心だ。殺伐とした人間関係が気づかないうちに都会を侵食している。付かず離れず、でも目の届く距離感で、人と人、人以外の生物や自然が寄り添って暮らしていけたらいいのに。

アカショウビンの美しい歌声に感化され、そんなことを願ってしまった。

75 たった一人の集落

変わりゆく世界で、変わらないものを見る

3年前、奄美大島の青久《あおく》という集落を再訪した。

青久の集落は、外界から隔離された距離感や佇まいからして、秘境感が半端なくある。山から降りてくる川の水は、海に合流している。海以外は、集落を山がぐるりと囲って閉ざしている。しかし集落というから家並みが残っているように思うが、実際にはおばあさんの家が一軒あるだけ。遺跡のような石垣が、集落の名残を見せる唯一のものだ。上物を無くした跡地は、茂った草が風にそよいでいる。

青久で暮らすただ一人のおばあさんを訪れた。

87歳のおばあさんは、数年前におじいさんが亡くなるまでは二人暮らしだった。青久は、もっとも人数が多かったときで約70人、20世帯ほど家があり、賑やかだったらしい。とはいえ、ほとんどが親戚という大所帯だ。

「もうみんなが家族よね。私には子供が4人いるけど、集落のみんなで育てていたようなものだから。それって、今とは違うでしょ？」とおばあさんが言った。

「ええ、ええ。それはもう。今の東京では有り得ないことですね」と首を振って答える。

人が助け合い、物と物を交換していけば、貧しくても生きていけたのだという。

しかし、不便な場所にある青久に移住者は来なかったから、時とともに人が減り続け、おばあさんとおじいさんの家族だけが残ったらしい。息子さんも、15年程前までは一緒に暮らしていたが、やはり仕事の通勤などを考えて集落を出てしまった。

「おばあちゃんは引っ越しをしないんですか？」と聞くと、

「子供や孫が帰ってくる故郷がなくなったら可哀想だからねえ」と言った。

一人でも、ここにいる意味があるのだという。

それから、集落での仕事の話、石垣ができたときの話、病人が出たときの話、子供は神の子だから決してハブに襲われることがなかったという不思議話など、たくさん教えてくれた。

「ところで、おじいちゃんとは、生まれたときから同じ集落ですか？」と聞くと、

「そうよ。生まれたときから知ってる。仲良かったよ」とおばあさんが答える。

たった70人ほどの小さな集落で、生まれたときから一緒の二人。ずっと大好きだったらしい。

一つの土地に生まれ、その土地で人生を終わらせる人は、もしかしたら一生で出会える人の数は少ないのかもしれない。けれど、多くの人に出会っては別れて生きていく私と比べたら、どれほど一人の人間へ傾ける時間や情けが深いことかと想像する。

なんだか泣きたい気持ちになった。

「そうだわ、あなた」とおばあさんが思い出したような顔して、

「子供を産むかどうかは好きにしたらいいと思うけど、結婚だけはしなさいよ」と穏やかに、諭すように話した。

昨今、「生活は結婚してもそんな変わらない、子供がいるかいないかで変わる」という言葉を耳にすることが多かった。その真逆みたいな言葉に、まっすぐに衝撃を受けた。そしてうらやましかった。

そう言えるほどに、おばあさんはおじいさんと結婚して、幸せだったのだろう。

幸せは、身近な、ささやかな距離の内側にあるということ。それを慈しみ、大切にすれば、人生は幸せなんだよと教えてくれている。変化や刺激を求め、より遠くへと旅する私には、ありがたく、痛みのともなう言葉だった。

おばあさんが庭を歩いて、あたりを見やる。山側には低い雲がかかり、海側の空は太陽が雲間から顔を出して、海面がわずかにきらめいている。

「ずーっと、変わらないのよ。ここの景色は」

変わらない？　他の家は跡形もないのに？

石垣があるばかりの集落に風が吹く。そこに、今も変わらないものをおばあさんは見続けている。きっとおじいさんの気配も、そこに見えてるのかなと思った。

いつかそうした目を持てるだろうか、私も。

Chapter.4 想い

旅と仕事と人生と

旅の教えをもとに前に進む。
旅のさらに先にある自由をめざして——

76 採用面接

ときにバカまるだしが、奇跡が起こす

「御社で、出版事業を立ち上げたいです!」

「でも、弊社は広告代理店だしなあ。出版事業ができなかったら、どうします?」

「(えっ。考えてなかった!)で、では、出版事業を立ち上げるまで、広告を売ります!」

頭を下げて面接室を出た。5分ほどの役員面接だった。やってしまった。

私は、2004年の年明けからIT系広告代理店企業であるサイバーエージェントの新卒採用面接を受けていた。社長面接を目前にしてこのありさまだ。広告代理店の面接で、「はい、広告を売ります!」なんて答えた学生は、過去にいるだろうか。

当時、サイバーエージェントはめきめきと成長している超ベンチャー企業で、広告代理店事業以外に、アメーバブログ事業やEC事業など、次々と新規事業を立ち上げていた。「やりたいことを有言実行していい」という社風で、それに甘えて「出版事業を立ち上げたい」と考えていた。だからといって猛進しすぎたか。ああ、ばかばか。

世の中はSNSやブログが流行り、個人が自分の考えや経験、情報を知らない人たちに向けて書き、共有することができる新時代。そんな時流とは真逆に、わざわざ印刷・製本するアナログの出版事業を立ち上げるなんて。出版社の存続自体が危ぶまれるご時勢に。

ところが、奇跡は起こる。役員面接が通過したのだ。

最終面接で、藤田晋社長は開口一番に「出版事業をやりたいんだって？」と聞いてきた。

「インターネットのコンテンツを本にして100年後にも残したいんです」

学生時代に旅をして、そこで書いたスケッチブックの話をした。ブログにも書けるけれど、本にすればたとえネット環境がなくても残る。それに、生まれては刹那に沈んでいく膨大な量のネット記事の中には、紙に残したい知的財産があると思った。

2005年の入社時にはアメーバブックスという子会社が立ち上がり、私はそこへ出向して編集者となった。嘘みたいな、まぐれのような話。けれど、「出版社を立ち上げる！」と息巻くバカな私でよかったと思う。きっと冷静で賢い学生だったら、こんな奇跡は起こせなかっただろうから。

77 力強い私の声

鼓舞する自分の声が聞こえますか?

就職活動を直前にして、心理学の専門職にもはや就けるわけはなかったが、どこかで「人の心を動かせることをしたい」と思っていた。それは言葉で、写真で。ならば本をつくる編集者だ。言わずもがな、旅をしながらスケッチブックを持って歩いたのが影響している。

サイバーエージェントを受ける前に、まずは出版社に入社するにはどうしたらいいのか考えた。私は読書家でもなければ、博識でもない。よく日本語も間違えてしまう。「だめじゃない?」と、心の中で私が言う。「だめだろうね」と別の私が答えた。

人は悩むとき、自信がないとき、自分の中に何人もの「私」がでてくるみたいだ。もう、やたらと騒がしい。仏教でいうところの雑念か。だから心を落ち着かせ、耳をすませる。すると、力強い私の言葉がはっきりと聞こえる。「まっすぐに、思うようにいこう」と。

2012年、念願だった編集者を辞めて旅立つときも、力強い私の声が聞こえたのだ。

78 作文塾

夢に向かう原動力

大学3年生の夏頃から某新聞社の元記者が開催する作文塾に通い始めた。木造のボロアパートで、共同玄関で靴を脱ぎ、ぎしぎしと音を立てながら2階の四畳一間へ行く。

授業では、先生の講義というよりは、ひたすら論文やエッセイなど、与えられたテーマにそって執筆する。制限時間内に原稿用紙1〜3枚ほど。その後、先生が添削する。「全然ダメだ」とか「面白くない」とか、辛辣で毒舌！　何度も挫折しそうになった。

しかし容赦ない分、無駄がなくて、作文の要領がつかめると楽しくなった。つらつらと綴る旅日記と人に読んでもらう文章は全く異なる。書いたものを評価され、「まあ、面白くなった」なんて言われたときの感動は忘れない。日記を書くことに比べたら、はるかに勝る喜びがあった。そして、読んでくれる人というのを想像した。その人の心を動かしてみたいと思うようになった。

79 戦車女

俗に言う、「旅は自分さがし」でいい

アメーバブックス編集部にいた人たちとは、今でも仲良くさせてもらっている。入社してからもう16年が経つ。先日、5歳年上の先輩に会ったときに、こう言われた。

「ねえ、覚えてる？　一緒に担当していた著者が、突然デザイナーさんを変えたいって言い出して。お願いしていたデザイナーさんに断りに行くのが申し訳なくて、私は行きたくなかったんだよね。そうしたら、あーた、すごかったんだから！」

「へっ。なんでしたっけ？」

「『いいっすよ、じゃあ私が謝りに行ってきますんで！』って、一人でさっさと行っちゃったのよ。すごいよね～」

「あー、そんなことありました……っけ？」

編集部の先輩方に、時々私は「戦車女」と呼ばれていた。割と、トラブルや人間関係のいざこざに立ち向かうタイプと思われていたからだ。

そんな私の過去を遡れば、情けない自分に悔しい思いをたくさんしてきた。基本的に自分のない子供だった。他人や母の目を気にしながら、誰かの気に障らないように、同調姿勢を貫いていた。中学生になると友人たちに恵まれて、自分の素を出してもいいんだと思えるようになったけれど。

それが、いつの間に戦車女になっていったのだろう？

理由があるとすれば、旅のおかげだと思う。なよなよ、めそめそと旅をしていたら、きっとどこかの国で沈没していた。「イエス」か「ノー」をはっきりと言う練習は、まっさきに旅先という訓練場でなされたし、二人旅にしても「私はこう思うよ」という意思を示すことは大切だった。相手についていくだけでは、旅のパートナーに見放されていただろう。

俗に「旅は自分さがし」と言う。最近ではそれが揶揄される風潮もあるけれど、私は旅で自分と出会えたと思う。自分を自分で磨くことができなかった私は、否が応でも不純物を取り除いていく機会を旅先で得たのだ。

80 編集者と作家

しっかりと教わり、いつか誰かに繋げていく

編集者時代、山川編集長によく言われていたことがある。編集者と作家の関係についてだ。「若い編集者は作家から言葉と文章を学べ。そして、いずれ若い作家を育てろ」と。

会社では、ブロガーを著者とする本を多く手がけていたので、初めて出版する著者も多く、お互いぺーぺーながら切磋琢磨本づくりをした。それはそれで、失敗もするが、学びは大きかった。会社を辞めて旅をしているとき、この編集者と作家の関係性を思い出した。

旅中、ベテランの旅人から旅情報やテクニックを教わることも多かった。慣れない旅人同士で、あーだこーだ旅情報を話し合っているのも楽しい。次第に旅が慣れてくると、旅の先々で自由と余裕がでてきたように思う。私が誰かに何かを教えてあげることもあった。

編集者や作家は、経験すればするほどその分野に精通する職人みたいなものだ。旅人も同じだと思った。経験を積み、いつか若い旅人に手を差し伸べられるようになりたい。

81　二人の師匠

目前のことをしなやかにかわし、いまを楽しむ

「島旅のエッセイをつくるから、担当になれ」

普段から旅好きをアピっていたので、お前が適任だと山川編集長に言われた。

著者は斎藤潤さんだ。とても温和な性格だけど、芯は強く、とにかく島愛が強い。さっそく秋に、一緒に島を取材することになった。編集長も同行する。

本来なら、島の観光協会にお願いして行程表をつくってもらうのが筋かもしれない。でも斎藤さんは、「まあ、適当に島旅してたら、何か書けるでしょう」とニコニコ。

「そうですね！　それが旅ですね！」と、旅バカは一瞬で同意する。

そして島に知り合いの多い斎藤さんが、宿や取材先などを考えてくれることとなった。

出発の当日、編集長はカップラーメンやらレトルトカレーやら大量に持参して、

「だって、潤もお前も、島は商店がないとか昼飯食べるところがないとか言うじゃん」

と、パンパンに膨れたドラム缶バッグを肩に担いでいる。

島旅、もとい、取材へ向かうのは、鹿児島県の屋久島とトカラ列島、奄美大島だ。トカラ列島は、日本でもっとも秘境と呼ばれる島々で、商店や食事処はほぼないらしい。

あいにく台風接近が予報され、屋久島の後は急遽飛行機をとって奄美大島へ渡った。トカラ列島を航行する船はすでに欠航となったからだ。

「ではその代わり、加計呂麻島へ行こうか」と斎藤さんが旅慣れて言う。

「そうですね！　予定にない島も楽しそうです！」と、ふたたび旅バカは同意する。

学生の頃にした旅のように、臨機応変に1日の予定や行く場所を変えていくことを心底楽しんでいた。編集長も、「じゃあとりあえず泳ごうぜ」なんて取材そっちのけで、ミントグリーンの海へ向かう。斎藤さんは、ニコニコしている。もはや、ただの自由気ままな旅好き3人組だ。

私が会社を辞めてからも、仕事などで悩んだときは二人に相談した。経験豊富な師匠たちに会えば、小さな悩みも吹っ飛んでしまう。そのたびに、「とりあえず泳ごう」「じゃあ、別の島へ」と迫る波をしなやかにかわし、今を楽しもうとする二人との島旅を思い出す。

82　デビュー作

「YES」か「はい」かでやるしかない

2014年7月に、処女作『恋する旅女、世界をゆく――29歳、会社を辞めて旅に出た』を上梓した。1年半かけてつくった文庫本だ。

嬉しさと同時に、恐怖が舞い込んできた。編集者時代に本ができたときは、「誤字脱字があったらどうしよう」という不安はあったけれど、さすがに恐怖はなかった。著者とともにつくり上げ、ほっと安堵する気持ちが強かった。

なのに、とにかく売れなかったらどうしようと不安で仕方がない。出版社勤務だったので、売れない作家はデビュー作で終わってしまうという厳しい現実もわかっていた。

売るしかない。

それしか道がないのだから、あれこれやろうと動くことにした。その中で、一番大事だと考えたのは、書店営業だ。編集者のとき、著者と一緒に書店営業をしてまわった。書店でいかに本をよい場所に陳列してもらうかは、書店員さんの采配による。

担当編集者に相談すると、

「うーん、しなくていいよ。大丈夫、営業に任せよう」と言われた。

たしかに書店まわりをするのは営業部のお仕事だけど、著者と編集者、営業担当者が一緒になって書店まわりをすることはよくある。でも、そう言われては一緒に行ってくださいとお願いできなかった。

「すみませんが、旅本が売れている書店リストをください!」

と、とある出版社に勤めている知り合いの先輩編集者にコンタクトをとった。

「私、1人で書店営業しようと思うので」

「は、本気? と、とりあえず、30店舗くらいかな。それくらい行けば充分だから……」

すぐに大手の書店リストを送ってくれ、その後、すべての店舗へアポなしに回り始めた。

名刺を持って、ドキドキしながら書店員さんに挨拶をする。ありがたかったのは、どなたも快く対応してくださったことだ。

「デビュー作なんですね。じゃあ前に置きますよ」

「ポップあれば、置きますから、出版社さんに言ってください」

若輩者の書き手に対し、それは大いなる励みとなった。

書店まわりを続け、数週間後に担当編集者から電話があった。

「おめでとう。初速がいいから、増刷がきまったよ」

このとき、「やったー!」と「な、なんとかなった……ふう」という気持ちが同時に押し寄せた。書店リストを送ってくれた編集者に報告して、お礼を伝えた。

私はじっとできるタイプではないらしい。「やるぞ!」と腹を決めたら最後、動いてしまう。この行動力は、世界放浪をして拍車がかかったと思う。

編集者のとき、本をつくるまでの段取りや判断、コミュニケーション、ディレクションといった経験をして、それらは旅で有効的な力となってくれた。一方、旅の間で圧倒的に磨きがかかったのは行動力だ。目の前には、「YES」か「はい」かしかない! と言わんばかりに、まずはやってみようと心が傾く。時に、前のめりすぎてズッコケることがあるのも自覚しているが、何だかんだ立ち直れるものだとも思っている。

83 人脈づくり

小さく、長い時間をかける

私が初めて人脈をつくったと自覚するのは、就職活動のときだ。大学の就職課へ出向き、OB名簿を取り出した。日本でもっとも有名な旅行ガイドブック『地球の歩き方』を出版するダイヤモンド・ビッグ社で、編集者をしているOBの名前を見つけた。

ダイヤモンド・ビッグ社へ電話して、OBのMさんへ繋いでもらう。さっそく、訪問する日を決めて、話を聞いてくださることになった。

「で、何がしたいの？　編集？　営業？　広告？　出版といってもいろいろあってね」と矢継ぎ早に質問を食らう。

たどたどしく答えると、「はいはい、社会というのはね、」と説教がはじまった。「この時間も1分1秒タダじゃないの」と、パシリと言う。ぐうの音もでなかった。

本づくりの全体像さえ理解しておらず、情けない。出直しだ！　と思っているうちにサイバーエージェントに内定が決まり、出版事業の立ち上げをしたくて就活を終了させてしまった。

「内定が決まったと連絡をくれた学生は、君を入れて二人だけだったよ」

その後、ひょんなことからMさんとは旅好き仲間として交流させてもらうようになっていた。

「君がそういう人だから、信用できるなと思った」と。そして、「あの時期は尖ってたんだよ、きつい言い方して申し訳なかったね～」と笑って謝られた。

初対面でとっても感じが悪かったMさんは、優しくて、面白い人だった。根っからのバックパッカー出身の旅人で、芯が強い。ふわふわ、ほわほわしている学生の私に、キレキレの刃を振りかざして現実を見せてくれた。

しかし記憶にもない些細なメール一つで、印象を良くしてもらえるものだ。当時の自分を褒めてあげたい。

今では、編集者と旅作家という関係でもある。Mさんと一緒に本をつくる日が来るなんて、学生の頃思いもしなかった。長い時間をかけて、強く太い人脈の糸を紡いでいきたい。

84

無限大の選択肢がある未来

100分の授業

年に一度、母校の大学でゲストスピーカーとして授業をしている。心理学部の1年生150名を前にして話すのは、なかなか勇気がいる。テーマは、「キャリアと心理学」だ。心理学で勉強したことが、将来どう仕事に役立つかという話をすべきなのだ。

残念ながら、私は心理学の専門職に就かず、旅作家として「言葉や写真で人の心に影響を与えたい」と思っているだけ。これと言って、偉そうな話はできない。なので、「これまで心理学で教わったことを武器にして、どう人生を歩んでいくか」という話をする。

話の素材は、私自身のこれまでの人生だ。幼少期から現在に至るまでの、考えの変化や気づき、人生の選択などを話す。世界あちこちで撮った写真を見せながら。

100分もの長い授業なのだが、一番言いたいことは、「人それぞれ違うように、生き方もみんな違っていい」ということだ。

だけど、それを実現するのは難しい。なぜなら人は、自分に対して偏見と思い込みを与えるからだ。「せっかく勉強した心理学を捨てるなんてダメだ」とか「安定した仕事がよいだろうから、夢を叶えるなんて無理」とか。思っている以上に、「心理の専門職へ就かないと」と思い込んでいる学生が多いと感じる。

私もカウンセラーをめざしたが、途中で違和感を無視することができなくなった。「カウンセラーをやめる」と決めたときの、心が軽くなった開放感を覚えているほどだ。

学生の皆さんには、「これからなんだってできる！」と、強く背中を押したいのだけれど、私自身も臆病な子供だったからよくわかるのだ。

だからとにかく「人と違っていい」という話をする。心理学で学ぶことは、人生において必ず役に立つからと。「そう言われて、ホッとしました」という学生からのコメントペーパーを授業後にもらうと、よかったなあと思う。

私たちはこの命ある限り、必ず悪いことも起こるし、否定的にもなる。そのたびに打ちのめされないように。心理学で学ぶ「人は心に囚われている」ことを思い出して、無限大の選択肢を選びとりながら、人生を思う方向へと操船していけばいいのだ。

85 成長痛

痛みや苦しみは、変化が訪れるサイン

先の母校の学生に向けたゲストスピーチで、よく心に残ったとコメントをもらうのは、「痛みや苦しみは、変化が訪れるサインだ」という私のメッセージだ。

小さい頃、私はほとんど自分で物事を決めることができなかった。「お母さん、どうかなぁ？」といつも意見を聞いていた。失敗したくなかったし、失敗して怒られたくなかった。指をくわえながら、「いいなあ、あの子は」と人のことばかり気にしていた。自分を好きではなかった。

大学生時代、中国の敦煌で砂丘に立ったとき、涙がぽろぽろ出た。砂に足を取られながら美しい砂紋を踏みつけ、時間をかけて一歩ずつ上をめざした。砂丘の上から眺める白い海原は、この世で最も綺麗な光景に思えた。真上に昇る太陽がいっそう熱く、肌が湧き立つ感覚があった。

自分の意思で、自分の足で、ここへ来れたことが嬉しくて仕方なかった。この世界でたしかに自分が生きているという実感がした。そのとき、それまで胸につかえていた苦しみから解放されたと思った。少し、自分を好きになれた気がしたからだ。

今でも旅をしていると、たびたびこんな過去を思い出す。

なんだかんだ、大人になっても辛くて悲しいことはなくならない。孤独はつきまとう。世界の空や海が、刻一刻と姿を変えるように、自分も他人も変わっていく。その現実に直面したとき、突如として仲良かった人と反発したり、別離が生まれることもある。これまで許容できていたことが、急に受け入れられなくなることもある。

そのたびに胸が痛む。眉毛が下がる。

だけど、胸の痛みや苦しみから解放される瞬間は必ず訪れる。そのとき、自分がいる世界はこれまでと違って新しいものに映る。

雨上がりの世界が、いつもより濃く、きらめいて見えるみたいに。そして、その新しい世界で、たくさんの人との出会いが待っている。

86 ゲストハウス

感謝の気持ちは、人を動かす

旅先で何度「ありがとう」と感謝したことだろう。

世界の人たちは、想像以上に優しくて、あたたかく迎え入れてくれた。時には嫌な思いをすることもあったけれど、だいたいその後、誰かにまた「ありがとう」と言っていた。楽しい、嬉しい、悲しい、悔しいといった感情がせわしなく動くなか、ずっと心に残っているのは、「ありがとう」という感謝の思いだ。

残念ながら旅をしている間は、感謝を伝える方法は、たいてい「ありがとう」と言葉にすることだけ。何かお礼をしたいと思っても、限られた時間の中では難しい。それに、ほとんどの人は見返りを求めていなかった。

日本へ帰国したとき、縁も所縁もなかった香川県の讃岐広島で、島の人たちと一緒に空き家を再生利用してゲストハウスをつくることになった。毎月1回か2回、成田空港から

ＬＣＣに乗って高松空港まで飛び、バスとフェリーに乗り換えて島へ渡った。

交通費は自前で、当初、なぜボランティアでそこまでできるかと、知人は不思議がった。あえて答えるなら、世界中でもらった「ありがとう」をどこかで返したいと思っていたからだ。

それなのに、結局島の人たちにまた「ありがとう」ばかり言っていた。周辺の島も含めて地元を案内してくれたり、たくさんの人にも会わせてくれた。島での食事だって毎日一緒に食べさせてもらい、寝るところも泊まり込みで、一切お財布を出すことはなかった。

私のように「ありがとう」をたくさんもらった人は、その人に恩返しできなくても、きっと誰かのために行動したいと思うのではないか。だからこそ、私も「ありがとう」を与えられる人になりたいと願う。

日本中が、世界中が、そんな連鎖を巻き起こしたら素敵だなと夢見てしまう。

87 手紙

日々を豊かにする小さな習慣

本づくりでは、印刷した原稿やゲラを著者やデザイナーさんに送る。その際、私は一筆箋をつける。それは編集者はそうするものだと思っていたのもあるし、なにより好きだった。一筆箋やメモが書ける付箋を探しに文房具屋さんへ行くのも楽しい。そんな習慣は、今も変わらない。出先や旅先で、素敵な一筆箋を見つけると即購入してしまう。

最近では、島などでお世話になった人たちへお礼のお手紙を書くことが増えた。そうすることで、島の人と繋がれるのが嬉しい。なにより、「ありがとうございました。またお目にかかれますように。」と書くと、本当にまた会える気がするのだ。

私は決して字がうまくはない。だけど、思えばスマホがなかった学生の頃から、旅先から友人や家族へハガキを送るのが好きだった。自己満足なのだけど、心がほっこり幸せを感じるから続けたいと思う。

88 許せない境界線

「NO!」の境界線を持つ

女性一人で旅をしていて、危険な目にはあったことがない。それよりも、会社を辞めてフリーランスで仕事をするほうが、女性一人は「危ない」と思うことがある。

もっとも、フリーランスは不安定な収入で、クライアントに嫌われたらいつ仕事がなくなるかわからない。その恐怖に負けて、セクハラやパワハラにも目をつぶる女性は多いと思う。

かくいう私も、「ニコニコしてたら仕事取れたんでしょう?」「いいよね、女の子はさ」と、(顔面をグーでパンチしたくなる)誹謗中傷は言われた。だけどまあ、口で言われる程度では、「あはは～(勝手に言ってろぉ)」と笑って受け流せるくらいは図太い精神が培われたと思う。なんのこれしき、世界放浪中なんて、もっと図太い精神で旅してたもんね。

だけど私には、絶対に許せない境界線がある。あーだこーだ言われるのは、耳に栓をすれば私に害はない。しかし、仕事の妨害に当たるようなことをされたり、「あれするな、こうしろ」となれば話は別である。

過去最大のセクハラ・パワハラとして憤慨したのは、あるクライアントから「うちで面倒みてやる。だから3年間、男をつくるな」と言われたときだ。事務所に所属しているわけでもない、ましてやアイドルでもない。もう30代の後半にさしかかっていた。「オトコヲツクルナ?」と一瞬理解できなかったほどだ。「子供なんて、今は40代でも産めるから」とさえほざいた。

拒絶をすると即座に、「では仕事はなかったことに」と返事がきた。思った通りで、断るには勇気が必要だった。でも、そういう人とは、以後一切の関わりをもたなくていいと思えるきっかけとなった。いくら権力や地位があっても、人として尊敬する気持ちが1ミリも持てない人と、大きな仕事がもらえるからと譲歩できるだろうか。

社会に出れば、理不尽なことや相容れない人と出会う。避けられないことだ。だから、「それはアウト!」というボーダーをはっきりさせて、断ち切る勇気が必要だ。

だけど広い世の中、きちんと正当に己の仕事を理解して、評価してくれる人は必ずいる。そういう人と出会ったら、誠実に仕事をしていけばいい。絶対に仕事はなくならないから。

89　ワーケーション

人それぞれの生き方を認めることは、自分を肯定すること

フリーランスになった当初、仕事をして苦痛だなと思ったのは、他人からの何気ない言葉にふくまれるやっかみである。旅をして食べていけるだなんて、「まあお気楽でいいわね」とか「よいご身分ですね」とか言われた。いつまでも不安定な収入で、「夢見がちなまま生きていけるはずがない」「いつか痛い目をみるよ」と断言までされたことがある。

私が地獄へ転がり落ちるのを今か今かと待っているみたいで、気持ちが悪かった。途方もなく悔しくて、仏前で手を合わせたあと横になり、気を失っていたこともある。こういうときに、なんだかんだといって眠れるのは特技かもしれないが。

よし、突き抜けるぞ。こうやって生きる人もいると証明してやればいい！

な〜んて根性があればいいが、残念ながら私にはそれもない。下手にやる気を出せば、空回りすると思ったし、それよりもなによりも他人に対する諦観を覚えた。私は、世界放

浪をして気づいたのだ。「生き方は人それぞれでいい」ということ。

私が会社を辞めた2012年、ワーケーションやテレワークという言葉は一般化しておらず、ノマドワーカーという言葉を少し耳にする程度だった。だから理解を得られなかったのかもしれない。そもそも、旅をする人は現実逃避をしていると思われがちだ。「ただ、夢を叶えているんだ」と言っても、絵空事のようにしか受け取ってもらえない。

最近では、国が「働き方改革」を提言し、精神的により自由に仕事ができるようになった。いろいろな島へ行けば、「ここでテレワークしたらどう?」と島の人に言われたり、都内の友達から「ぜひ二拠点生活して。遊びにいくから!」と期待されると、時代が変わったなあと嬉しくなる。つまり、他人というのは無責任なものなのだ。

今は心から、場所を選ばずできる仕事でよかったなと思う。他人の言葉に打ちのめされても、踏ん張った甲斐があった。だから誰かが同じように踏ん張っていたら、その人が〝終わり〟を決めるまで、私は応援したいといつも思う。

フリーランスになって自分を鼓舞しているうちに、気づいたらずいぶんと前に進んでいた。なんだか少し、自分を褒めてあげたいなと思うのだ。

90 収入と経験

お金を使う優先順位をはっきりさせる

基本的に私の仕事は、旅に出て、その先々で写真を撮って、その土地について原稿を書くことだ。時には、人前で自分の経験談を話すこともある。

テーマは、旅、猫、島。この3本軸で突き進み、丸8年になる。おかげで、なんとなくそのテーマをよく知る人と思われて、仕事の領域も格段に広がっていると感じる。

石の上にも3年とはよく言うが、私の場合は5年以上はかかったかもしれない。収入ものらりくらりと、増えてるのか、減っているのか。ただ不思議と、「お金がないから旅できない！」という状況にはならなかった。

お金を使う優先順位がはっきりしていたせいだ。「洋服を買う」「美味しいレストランへ行く」よりも、「旅をする」が常にトップに君臨している。そうだ、もはや「旅は、行くものじゃなくてするものだ」と思っていたくらいだ。

29歳から35歳頃まで、数年にわたってとことん旅をしたと思う。もちろん自分比較でしかないけれど、そうした5年ほどの下積み生活のような時間がこれほど仕事で生かせるようになるとは思っていなかった。気づくと、収入も前職に比べ格段に増えた。

そして今も、お金を使う優先順位は「旅をする」である。ただ、増えた収入に合わせて、高級宿に泊まったり、飛行機もLCCを利用しなかったり、疲れたらタクシーを利用したりと旅の中身を選べるようになった。そのぶん、また新たに旅の経験値が上がっていく。

正直言えば、今でもまだまだ下積み時代だと思っている。おそらく、私が「ずっと旅の途中でありたい」と思う限りそれは続くだろう。なにせ世界は広く、奥深い。一度では足らず、二度や三度も同じ場所に行っても、新発見がたくさんある。地元の人に、教えてもらうことばかりだ。言うならば、旅先は学校で、出会う人たちは先生だ。

長い経験によってついてくる収入の変化は、豊かに経験させてもらった日々そのものだ。個々人さまざまな事情はあるけれど、夢やめざす生き方があるならば、早急に収入額を気にして立ち止まることはないと思う。

91 仕事への姿勢

口下手でもいいから、熱意を伝える

これまで本を出したり、雑誌や新聞で連載したり、テレビ番組で5分の冠番組を持たせてもらえたのは、奇跡だと思う。「執筆のお願い」とか「連載の依頼」と表題に書かれたメールをいただくこともあれば、知り合いを介在して仕事が決まることもある。

ただ奇跡だと言えば、すべてが運任せのように思われるので一つ訂正すると、自分なりに精一杯の思いを伝えてきたと思う。

「日本にはこんな素晴らしい所があるんです。もっと知ってもらうべきです！」

「私は島が、猫が、旅が好きです！」

言葉にして並べると、こんなセリフで仕事をもらえるわけはないと私でも感じる。でも振り返れば、熱意と情熱以外に仕事を取る術はなかったと思う。私も多少なり執筆経験は場数をこなしてはいるけれど、もっと経験豊かな表現者たちがたくさんいる。

私が話をするときに意識するのは、自分がどんな経験をしてきたかより、何を伝えたいかだ。それによって、伝えた先の人たちがどう感じると思うかだ。

実際に私も、旅先で似たような仕事をする人たちと出会う。そのとき、「もっと旅する人を増やしたい」など、熱意ある言葉を聞くと、その人がどう書くか、どんな写真を撮るかよりも、「この人と一緒に仕事してみたいな」という気持ちが膨らむ。

ただし、同時に歯が浮くような決め台詞をのたまう人がいるのも事実で、要注意だ。たとえば、「旅のよさ、島の魅力、猫の愛おしさ」を熱弁せよと言われたとき、私はすぐにペラペラと言葉がでてこない。言いたいことがありすぎるからだ。何をどこから伝えたら、目の前にいる人の心に響くかと考えてしまう。

少し心理的な見解ではあるけれど、本音のほうが人はうまく喋れないのではないかと考えている。だから口下手でも問題ない。その人が紡ぐ言葉にどれほどの情熱が含まれているか、その熱量のほうがずっと大事に思う。

嘘のような話だけれど、自分の熱意を伝えていくことは、他人や仕事を動かす大事な一歩となる。

92　失敗

どちらに転んでもワクワクする選択肢があると心強い

人間だから失敗はする。何度も失敗を繰り返して、前よりちょっとだけ成長する。

私は、まさにそういう類の人である。あまり失敗を公に語ることをしないから、「飄々と順風満帆にいっているよね」と言われることもあるが、実際は、仕事でも思うような成果がでなかったりと反省だらけだ。

ちなみに、私は旅でもいまだに失敗する。バス停にいてバスに乗り遅れたり、宿やレンタカーの予約が直前すぎて空きがなかったり、忘れ物を繰り返したり。ポルトガルにいるときなんて、バスからスーツケースを出す前に同乗者と話していたら、そのままバスが行ってしまった。そのたびに「次こそは！」と猛省して、立ち直るしかない。

失敗したとき、私は空をみる。晴れていれば力強く、雨ならば慈悲深く、曇りならばふんわりと、私を励ましてくれる気がする（そう思い込む）。辛いときには、心癒される光景を見たり、心が晴れることを頭に思い浮かべるのは、心理的に心が軽くなる。

私が恐れていることは、失敗を想像して行動が止まることだ。本音を言えば、自分で書いたものを誰かに読んでもらって、すべての人を満足させることはできないとわかっている。だからこそ、本を出したり、記事を寄稿したりするたびに怖くなる。

立ち止まるか、逃げたくなるときはある。

そんな気持ちに押しつぶされそうになるとき、空を見上げるだけではなくて、私は自分に約束していることを思い出す。

立ち直れないほどの大失敗をしたら、〝好きな街でひっそりと暮らそう〟と。今のところ、スペインかタイ、日本の島がいいかなと思ったりしている。

リアリティがあるほどいいだろうと、貯金もしている。すると不思議なことに、大失敗する日も怖くなくなるのだ。むしろ、スペインいつ行けるかな〜なんて思ったりするときさえある。

自分との心理合戦のようだけど、立ち直る術、恐怖に負けない思考を身につけることは、人生の荒波を乗り越えるのに必要なことだと考えている。

仕事で諦めたことが、仕事のおかげで実現する

今、東京都の御蔵島で生まれ育った2匹のネコと暮らしている。

これまで幾度となくネコと暮らしたいと願いつつも、旅する生活では不可能だったし、ネコたちにも申し訳ないと思っていた。ところが、単行本の取材で御蔵島へ行ったときに、観光協会でたまたま「森ネコ写真展」というチラシを見つけた。

話を聞くと、「森ネコ」と呼ばれる近年野生化したイエネコが森の中で増え続け、島にいるオオミズナギドリを捕食しているという。御蔵島は世界有数のオオミズナギドリの営巣地で、野生のイルカが約150頭暮らす自然豊かな島だ。野生のイルカと泳ぎたいと、多くの観光客もやってくる。そんな島に魅せられた人たちの中で、森ネコを捕獲しようという活動が始まった。発足されたのが、「オオミズナギドリを守りたい有志の会」だ。

捕獲器を森に置き、森ネコを捕獲したら、船で都内へ送る。避妊去勢をさせたのち、人

馴れをさせてから里親を探すのだ。地道な活動である。

御蔵島から戻り、都内で開催されていた「森ネコ写真展」へ足を運んだ。野生だったとは思えないほど、人との暮らしに幸せそうに目を細める森ネコの写真があった。会場にいた「オオミズナギドリを守りたい有志の会」の長谷川潤さんに話を聞いた。

「私は仕事柄、家にいないことも多いんですけど。引き取れるでしょうか？」

当然、断られると思った。

「大丈夫ですよ。僕も家に森ネコたちがいますけど、よく家を空けますから」

長谷川さんは、休みがあれば御蔵島へドルフィンスイムへ行ったり、他の島や国へ行って海へ潜っているらしい。よかったら、森ネコを迎え入れませんかと背中を押してくれた。

「ただ家を空けるときに、ネコの世話をどうするかだけハッキリと教えてください」

自宅の生活環境の確認以外、条件は特段なかった。それから数ヵ月かけて保護されている森ネコに会いに行き、1ヵ月のトライアル期間も経て2匹を引き取った。

仕事のせいでネコとの生活は無理だと諦めていたけれど、この仕事をしていたから愛しい2匹のネコと出会えた。結果はときに、幸せな想定外になることもある。

94 支綱切断

当たり前にあるものの大切さ

2020年1月、阪九フェリーの新造船「やまと」の命名・進水式が三菱重工・下関造船所で執り行われ、私は支綱切断という大役を仰せつかった。日本旅客船協会の船旅アンバサダーとして初めての仕事だった。

私が船旅アンバサダーを拝命したのは、2019年の日本政府観光局による官民連携のインバウンド事業がきっかけだ。離島や船旅を盛り上げようと企画して、応札した事業者から声がかかり、離島コンテンツへの助言のほか、各島の取材および原稿執筆、写真撮影を担当することとなった。官民連携の一般社団法人が日本旅客船協会である。

事業終了後、協会から公認の船旅アンバサダーとして活動してはどうかと打診された。船業界や離島観光の活性化のために、一緒に頑張ろうと誘ってくれた。

新造船の命名・進水式は、まさに船に命を吹き込む儀式だという。支綱切断は、「へその緒を切る」作業だとも言われる。銀の斧でロープを切断すると、その瞬間に、新造船は産声をあげるのだ。

「やまと」の支綱切断は、涙がでるほど感動した。

銀の斧を振りかざすと、巨大なホテルのような船体が陸上から海へと滑り出した。その瞬間、雲間から太陽の光がサーっと「やまと」を照らしたのだ。こんな偶然あるものだろうかと疑う余地はなく、ただただ神々しい在り様に心が奪われた。

「船はいまだにほとんどが手作業なんですよ」

「昔から船は自然と対話しながら共にあります。日本は船の国ですから」

そんな話を三菱重工の方に聞けば、また涙腺が緩む。日本人で船の存在を身近に感じる人は、そう多くない気がする。ふと、日々こうして当たり前に存在している大切なものが、気づかないうちに衰退し、どれほど姿を消したのだろうかと思った。

島で暮らす人が減り、定期航路も減少したり無くなったりしている。日本の造船所も全国で数えるほどになっている。そんな時代に、新たに産声をあげた「やまと」が、よい〝船生〟になるといいなと心から願う。

95 新しい働き方

意外と知らない〝自分〟と向き合う

現在は「働き方改革」が提言され、まして新型コロナウイルスの感染拡大によって、もはや新時代を迎えた思う。新しい生活を余儀なくされている。アフター5という概念も消えるかもしれない。むしろ、何時から何時まで働くかは自己管理が強いられる。

私は普段から場所を選ばず仕事できるし、スケジュール管理も一人でしている。土日も朝から晩まで働くこともあれば、5日間島へ行ってしまうこともある。大変不規則だと思うけれど、強要されているわけではないから、気楽なのだ。なにより、性に合っている。

先日、ワーケーションやテレワークが当たり前になって、「ちゃんと社員が働いているかが心配だ」と、ある企業の管理職の方がぼやいていた。

私がアメーバブックスにいて、一番ありがたく、なにより会社勤めが続いたと思う最大の理由は、勤務時間がフレックスだったからだ。毎日会社には行き、出社時間も一応あったが、遅れても、早く帰っても咎められない。とにかく発売日に新刊を出せればいいのだ。その間は、しっかり自分でスケジュール管理をしろという方針だった。

時には、編集部のみんなで、仕事の合間に2時間くらいベリーダンスを習いに行ってい
た。「息抜き、息抜き！」と言って。

ある日編集長に「おい」と言われて、怒られるかと思ったら、「俺、見学に行っていいだろうか」と言うので、姉さん編集者たちと全力で止めた。

この自由な編集部で、私はすくすくと育ててもらった。同時にプレッシャーもあった。発売日が間近に迫ると、手に汗をかいた。間に合うか、間に合うか、と。

私の場合、今は発売日が原稿の締切日に変わっただけなので、ノートにざっくりとしたスケジュールを書いて、だいたいその通りに進めている。一つ、これを知っているとスケジュール管理が楽になるのではと思うのは、自分の仕事をこなすスピードだ。書き慣れたテーマだと数時間、少し調べる必要があれば数日かかるなど、一人で作業するのに必要な目安の時間は、案外知らなかったりする。

実際、人はみなそれぞれの性格にあった仕事の進め方があるように感じる。指揮官の下

で、「右を向け」と言ったら右を向ける協調性と柔軟性は、日本人が得意とする能力だと思う。だけど、テレワークという状況下で、今はその能力は監視の目を外れた自由の領域で発揮させなくてはならない。

監視の目がなくなったとき、自分をどこまでやる気にさせるかは難しい。私も一人でやっているので、よくわかる。人が簡単に堕落してしまうことも知っている。「明日やろう」「今日はもういっか」と。時として、人の目は仕事を効率的に捗《はかど》らせるわけである。

改めて自分と向き合い、自分をコントロールする。それが、これからの仕事においてより重要となりそうだ。

私もふたたび、気合いを入れる。

96 旅作家

自分への覚悟を持つ方法

30歳で初めて本を出し、以後は「旅作家」と名乗って旅の魅力を発信するようになった。正直、肩書きはなんでもよかった。むしろ旅作家と言われると、今でもくすぐったい。「でも、お前が何者か、わかりやすい方がいいぞ」と言ってくれたのは、会社を辞めてからも私のメンターでいてくれる山川編集長だ。

「本当は単なる〝作家〟のほうがいいけどな。旅に拘らず」とも助言してくれた。

作家も、ライターも、フォトグラファーも、実は誰からの許可も必要なくて自称で名乗れる。資格があるわけでもないから、経験や作品で実績をあげていくしかない。

私は旅という領域で、書いて撮って、たくさんの人に伝えていきたい。だから当分はこの肩書きで歩んでいこうと思う。それは、自分への覚悟の表れだと考えている。自分の切り開く道がブレないように。自分を鼓舞するために。

97 仕事の仲間

人は、たった一人では生きていけない

以前、私の会社のホームページで仕事のアシスタントを募集した。誰も連絡してこないだろうと思っていたら、数名から「応募」のメールがきた。いざ申し込みがあると、どぎまぎした。編集者と著者の立ち位置ではなく、おこがましいけれど、「コバヤシノゾミ」を支えてくれる仲間みたいなもの。そう思うと、ふるふると、感動がこみあげた。

「全然ご返信いただけなかったので、無理だったのかと思いました」

後に、仕事を手伝ってくれることになったKさんに言われた。情けないことに、「どうしよう、大丈夫かな、誰かと一緒に仕事できるかな？」とおろおろとして、なかなか返事が出せなかったのだ。

旅が好きで、仕事ができるKさんに教えられることは多い。瑣末なことでも、仕事を振ったり相談できることが、これほど助かるだなんて。

私は、独りで仕事をすることが性に合っていると思っていた。そもそも、独りの時間が好きだし、独り旅も好き。

でも、旅先でいつも感じるのは、「必ず誰かから旅の感動をもらっている」ということだった。道に迷ったら、わざわざ宿まで案内してくれたおばさん、美味しいご飯をつくってくれた屋台のコックさん、バスで出会って家に招待してくれた女の子、耳につけていたピアスを取って「あげる」と言ってくれた女性、「荷物を持とう」と手助けしてくれたおじさん。私は、独りで旅をしているわけではないと思えた。

こうした人とのささやかな出会いが、旅が好きだと思う根底にある。人は決して独りで生きているわけではないと実感するたびに、本当は嬉しくて仕方ないのだ。誰かを求めたり、甘えたりし合う関係の中で、心は、小さな幸せに満たされていく。自分の欠けた部分を埋め合うのも、補い合うのも、誰かを必要としていいのだ。

その誰かは、たった一人でもいいから、大切にしていきたい。

98　ギャラ交渉

自己評価をして自分を磨いていく

私は儲けるのが苦手だ。ギャラの交渉も不得手だ。

思うに、原稿の執筆依頼はあらかじめ企画内容だけでなく、「1200文字程度で3万円」などギャラの提示もしてくれることが多い。だから、総合的に引き受けるかどうかの判断もしやすい。

しかしそれ以外の仕事では見積もりを求められる。とくに、相場もまちまちなメディアへの出演料やSNSへの掲載料、プロジェクトのアドバイザリィフィーなど。

悲しいかな、旅先でもないのに「ぼったくられている！」と思われたらどうしようとびくつき、なかなか勇気を出して見積もりを提出できない。それゆえ、私の見積もりに対して結果的に額をあげられるという情けない経験を何度もする。

「5万円で」と言ったら「15万円でいかがでしょう」と返事がきたこともあるし、大きなプロジェクトだと「30万円」と言ったら「100万円で契約しましょう」と目玉が飛び出たこともある。こういうとき、「やった！」という感情よりはるかに羞恥心に襲われるものだ。これぞ、自慢にもならない、自己評価の低さである。

「いやいや、あのプロジェクトにほんの少しかかわっただけで、『うちの会社（私）がやりました』ぐらい誇大して言う企業（人）もいるからね」という話も耳にすれば、その自己過大評価を羨ましく思う。

そこで、いちいち悩まないように、定期的に自己評価をしてギャラの相場を見直すことにした。その時点での経験や能力などを冷静に分析する。とっかかりは、やはり旅が軸になる。私ならこれを書けるとか、こんな経験を話せるとか。

また、経験を重ねるごとに自己評価マイルは貯まるものだと信じ、1年前よりはちょっと見積もりを増やしてみようと勇気を出すことにした。自分でその額に納得すれば、「これで多いと思われたら仕方ない」と腹落ちできた。

自己分析は活動の見直しにもなるので、一石二鳥だ。反省すべき点もあるが、少しずつ自分の仕事に自信が持てるようになり、もっと磨きをかけるぞ、と前向きにもなれるのだ。

99 法人化

果てない喜びを分かち合いたい

儲けるのが苦手だなんて言いながら、2017年にフリーランス業を法人化した。会社の名前は、「株式会社Officeひるねこ」。理由は、社名にもした「ゲストハウスひるねこ」の立ち上げを機に、日本の離島をもっと責任ある形で盛り上げたいと思ったからだ。

おこがましいとは思った。でも、島の人たちと一緒になって喜びを分かち合えることに、一方的に書くだけでは届かない、果てしない喜びを覚えてしまったからだ。そして、讃岐広島へ足繁く通うほど、6852の島々で構成される日本の離島をもっと知りたくなった。

各島ごとに、古の言語や伝統行事、奥深い歴史や戦跡などが残っている。渡島すると、まるでタイムカプセルを掘り出すようなワクワク感がいつもあった。360度を海に囲まれた島々には生活航路があり、何十年、何百年と船が人の暮らしを支えていることも知った。よもや島国である日本は船大国だ。

なのに416の有人離島は、ほとんどが過疎化・高齢化の一途を辿っている。讃岐広島の人が「いつか無人島になるかもしれない」「それで船の便数が減るかも」と言った言葉もひっかかる。実際、2015年に300人ほどいた人口は、現在180人ほどまで減った。

私に何ができるだろう？　島のことに部外者が口を出すのか？　という思いは常にある。背中を押してくれたのは、島旅の師匠として尊敬する斎藤潤さんだ。「まずは行動すればいい」と。事業計画書の作成に頭を抱えつつ、この性格で猛進した。

ただ、個人名ですでに長く活動していたので、法人化のメリットがあるかは悩んだ。そこで、知り合いが紹介してくれた税理士さんに相談すると、とても親身になって話を聞いてくれた。

法人化したい一番の理由を聞かれたときに、「信用です」と答えた。「だったら、会社にするメリットはある」とハッキリ言ってくれた。ただし年間にかかる費用は倍増する。「そのぶんは今より稼ぎましょうね」と言われて、素直にうなづいた。

今は、法人化してよかったと思う。やはり、離島関連で国や自治体、企業と仕事をするときに、個人ではなくて会社だからと信用してもらえることは強い。

起業だけなら、誰もが簡単にできる時代という。どうしても、収益は意識しなくてはならないのは事実だけど、私のように信用されるために会社をつくった人もいるだろう。

当初、「こんな年収なら個人事業主のほうがいいでしょ」と自虐的になったけれど。それでも、責任の重みを感じるのは悪くない。そうでなければ、何にも縛られたくないという性格ゆえ、糸のない凧みたいにいつまでもふわふわしている自分も容易に想像がつく。

地に足を着かせ、信用されるだけの人に、会社にしたいと意識が変わった。これだけでも、十分に価値があったと思っている。

100 旅と仕事

夢の重さを感じれば、また頑張れる

旅して、その土地の人と出会い、聞いた話や目に映った美しい光景を書いたり撮ったりすることで伝えていく。それが私の仕事の基盤である。

まだまだ伝えきれないこと、足らない表現力に、肩を落とすこともしばしば。それでも、手と足を止めないようにしたいと思っている。たぶん私は「旅する」以前に、「動くこと」そのものが好きなのだろうと、最近は思う。

2020年は新型コロナウイルスの感染が広まり、容易に動きまわれなくなってしまった。ある意味、立ち止まる時間ができたことで、私なりにこれまでの旅と仕事について振り返ることができた。

思い出すのは、初めて本を出すことになったときのこと。

「書きながら旅を続けたい」「旅して働きたい」と願い、まずは形からだと原稿をかかえて旅立つことにした。

本の制作は、初期はパソコンで原稿を書きはするが、終盤になると印刷された状態で赤入れをしていく。だから、バックパックにA4サイズの分厚い原稿を突っ込み、「重いな。でもやるぞ！」と南米へ向かった。ペルーから南下しながらブラジルまで、約3ヵ月の放浪だった。

宿や列車の移動中、カフェなどで、時間を見つけては原稿を読みふけった。日が経つほどに、原稿にはシワやシミができて、無様な姿になっていた。日本へ帰るとき、「やっぱり、原稿は重かった」と感じた。

この記憶とともに、ふいに背中に感じたあの重さが蘇ってくる。

あれは、私が叶えたい夢の重みだったのだ。人によって夢や目標は違うけれど、きっと誰もが苦境に直面し、努力をしているはずだ。ひしひしと夢の重みを感じながら。

結局は、自分との戦いに挑んでいくしかない。

「よし」と、新たに力がこみ上げる。

おわりに

生まれた国や育った環境が違えば、今の自分とは違う人間になっていたのかな、と考えることがありました。そうやって想像したのは、「今よりも、もっと幸せになれたのかもしれない」という気持ちがあったのではないかと思います。

世界を旅していると、漠然と、どこでどのように生まれるかは運命みたいなもので、そこに私たちの意志や自由はなく、天から与えられたものなのだと感じました。だから余計に、心にまっすぐ飛び込んできたのは、そこで暮らす人たちのさまざまに生きる姿でした。

インドやフィリピンなど、貧しい環境のなかで、日々食べるものを買うために懸命に働き、買ったご飯を異国からきた旅人に分けてくれる人もいました。バスに飛び乗ってきた少女が突然歌い出し、乗客にお金を乞うて、そのまま降りていっても誰も咎めないということもありました。

フランスでは、美しい一軒家に暮らしても、いつも心から不満の声がもれているような孤独な老婆もいました。チュニジアの姉妹は、小さいときからお父さんがおらず、それでもいつも明るくて何度もお腹がよじれるほど笑わせてもらいました。彼女たちの夢は、彼氏を見つけて結婚すること。夜な夜なガールズトークに花を咲かせ、恋する女の子は世界共通で可愛いと感じました。

イスラム教徒のタクシー運転手に、「僕の奥さん」と言って嬉しそうに三人の女性の写真を見せられたこともあります。「みんな平等に愛おしい」という一夫多妻制のリアルに出会い、ちょっぴり興奮しました。過激なイメージのあるイスラム教の人たちが、実は心根がとても優しく争いが嫌いなことも知りました。

多くの違う人と出会い、「ああ、この人の生き方が正解だな」なんて思うことはありませんでした。ただ世界にある無数の生き方の一つ一つとして映りました。それは、物質的な豊かさが幸せに直結しないことを突きつけられることでもありました。

では、私はどう生きていきたいのだろう。

旅をしている長い移動の合間に、ふつふつと自問自答する時間が増えました。しかし壮大なテーマは、茫洋とした海を漂うようで、答えが出ることはありません。

それでも、一つだけ自覚したことがあります。

「私は自分が好きかわからない。自分を認めていない気がする」と。

旅やカメラなど、自分が好きと思えるものに出会っても、自分のことが好きなのかどうかよくわからなかったのです。

自分が好きで、自分を認めるだなんて、ナルシストで傲慢なようですが、実は大事なことではないかと気づきました。自分がどう生きたいかを知るために。自分の前に広がる無限の世界で、たくさんの「好き」と出会うために。心にかかえる孤独感を和らげるために。

小さい頃からずっと、私は他人の目をとても気にしていました。人と違うことが怖かった。一人になることが無性に寂しかった。物事をネガティブに捉えてしまう癖も、厭世的な考えに陥るのも、どうにかならないかと悩んでいました。

人は、何か大きなきっかけですっかり変わったり、長い時間をかけて徐々に変わったりするものです。私も、旅先で突如として「そうか！」と考え方が変わったこともあれば、長い旅をする生活の中でいつしか変わっていったこともあると思います。とくに学生時代の旅は、大きく私を変えてくれました。

当たり前のことですが、自分は人と違っても、一人だけ違う考えや感じ方をしてもよかったのです。もちろん、その場所の一遍通りの〝社会的常識〟を知ることは大切なことですが、そのうえで自分が思うように生きていきたいと欲するのは、間違ったことではないのです。個性を尊重する時代にあっても、なかなか人と違うことを認めるには勇気がいるし、そうして前に進むには忍耐や努力がいりますが、「どのように生きていきたいか」と心のどこかに持ちつづければ、きっと自分らしくなれる場所にたどり着けるはず。

街を移動したり、国境を越えるたびに、グラデーションのように変化していく言語や文化、街並み、自然の景色。地球という一つの大地に、長い歴史のなかで人が生み出し、後世へ繋いでいった思想や常識は、星の数ほど存在しています。

気づいたら、いい年齢の大人になっていました。一人でいることも平気、失敗しても大抵は立ち直れる、ときおり喧嘩上等。一方で、以前よりも、もっともっと人の生き方に寛容になった気がします。「あなたはあなた、わたしはわたし」というふうに。

こんな自分を今、「好きか」と聞かれたら、「好きだ」と答えます。

それは、ダメダメな欠点や弱点も含めて自分を認めることが、長い人生を豊かにする一歩だと思うからです。そして、広い世界の自分以外の人やその生き方に寄り添える〝原動力〟になるからです。両親には申し訳ないですが、かつて、生まれて育った環境のせいで自分はこうなってしまったと、他責がましいところがありました。でも、生まれや育ちのせいにはできない現実が世界にありました。

それもこれも、旅が教えてくれた大切な気づきです。


ところで、私を旅の世界へと導いてくれた父と、今でこそ語り合いたいことがたくさんありますが、もうできません。ある日入院したきり、ほぼ意識のないまま旅立ちました。

かつて経験したことのない深い悲しみに襲われ、人目も憚らずに咆哮しました。「フィリピンへ行く」と言った日から、二度目の別れは突然やってきました。でも、もともと旅することが好きな父だから、きっと今もどこか遠い遠い異国の街で暮らしているような気がします。いつか私が会いにいく日には、その父がいる場所を教えてほしい、そのときはきっと話が尽きないだろうなと考えています。「別れは、再会への始まり」だと教えてくれたのも、そう、旅先でした。

人生のこういう瞬間にも、旅する父と旅先のようなどこかでの再会を想像するだなんて、どれほど旅が好きなのかと笑われそうですが、改めて思うのです。

私たちは、本来すべての人が、人生の旅人なのだと。

最後に、本書の制作にあたり、私のこれまでの旅の気づきを本にまとめてみませんかとご提案くださった編集者の佐々木勇志氏には、一つ一つ丁寧な編集をしていただき、心から感謝しております。また、産業編集センターの多彩な「わたしの旅ブックス」シリーズに並べていただけることを嬉しく光栄に思っております。

そして、最後まで本書を読んでいただいた読者のみなさま、ありがとうございます。私がご紹介した旅や仕事、人生のお話は、この世界に無限に散らばる生き方のたった一例にすぎません。相容れない考え方もあるかと思いますが（そうであったらいいなとも思います）、少しでもお役に立てれば嬉しいです。

どうか、みなさまが自分らしい旅路を歩めますように。

2020年10月　小林希

小林 希（こばやし・のぞみ）

1982年東京都出身。旅作家。立教大学卒。29歳のときに勤めていた出版社を退社し、世界放浪へ。その旅の顛末をまとめた『恋する旅女、世界をゆく――29歳、会社を辞めて旅に出た』（幻冬社文庫）で旅作家としてデビュー。以来、世界中を旅して訪れた国は60カ国以上になる。現在、（一社）日本旅客船協会の船旅アンバサダーを務めている。著書に『旅作家が本気で選ぶ！　週末島旅』（幻冬舎）『週末海外　頑張る自分に、ご褒美旅を』『大人のアクティビティ！　日本でできる28の夢のような体験』（ともにワニブックス）『今こそもっと自由に、気軽に行きたい！海外テーマ旅』（幻冬舎）などがある。

わたしの旅ブックス

024

旅が教えてくれた
人生と仕事に役立つ100の気づき

2020年10月29日　第1刷発行

著者――――小林 希

デザイン――――マツダオフィス
地図作成――――山本祥子（産業編集センター）
編集――――佐々木勇志（産業編集センター）

発行所――――株式会社産業編集センター
〒112-0011
東京都文京区千石4-39-17
TEL 03-5395-6133　FAX 03-5395-5320
http://www.shc.co.jp/book

印刷・製本――――株式会社シナノパブリッシングプレス

ISBN978-4-86311-274-2